Nr. 3

Position

Karl Homann

Ethik in der

MARKTWIRTSCHAFT

ROMAN HERZOG INSTITUT

Inhalt

	Einleitung	5
1	**Ethik der Marktwirtschaft**	7
1.1	Die Kritik an der Marktwirtschaft	7
1.2	Das ethische Programm der Marktwirtschaft	9
1.3	Falsche Argumente zur Rechtfertigung der Marktwirtschaft	20
2	**Ethik der Unternehmen in der Marktwirtschaft**	28
2.1	Die Kritik an den Unternehmen	28
2.2	Das ethische Programm der Unternehmenstätigkeit in der Marktwirtschaft	31
2.3	Falsche Argumente zur Rechtfertigung unternehmerischen Handelns	39
3	**Defizite realer Marktwirtschaften**	44
	Schlussbemerkung	58
	Der Autor	59

Einleitung

Deutschland leidet unter einem eigentümlichen Widerspruch: Die Menschen leben *in* der Marktwirtschaft und *von* der Marktwirtschaft, aber mehr als die Hälfte der Bevölkerung lehnt Markt und Wettbewerb laut Umfragen ab. Die Marktwirtschaft gilt als unsolidarisch und moralisch bedenklich. Das Ergebnis der Bundestagswahl 2005 hat diesen Widerspruch noch einmal eindrucksvoll vor Augen geführt.

Infrage steht vor allem, ob Marktwirtschaft und Unternehmenstätigkeit mit den Moralvorstellungen, in denen die Menschen sozialisiert worden sind, überhaupt verträglich sind. Es geht also um die Ethik in der Marktwirtschaft. Die öffentliche Diskussion wird weitgehend von dem Vorurteil beherrscht, Marktwirtschaft mit Gewinnstreben und Wettbewerb sei unsolidarisch, und das zeige sich vor allem am Verhalten der großen Unternehmen. Eine kritische Auseinandersetzung mit dieser Auffassung flackert zwar gelegentlich auf, entpuppt sich aber seit vielen Jahren immer wieder nur als Strohfeuer ohne theoretischen Tiefgang. Eine belastbare und für die Bevölkerung nachvollziehbare Antwort ist bis heute nicht gefunden. Die aber wäre erforderlich, wenn jener „Ruck" durch die Gesellschaft gehen soll, den der frühere Bundespräsident Roman Herzog in seiner berühmten Rede gefordert hatte: Schließlich kann man von niemandem verlangen, die Marktwirtschaft *wider* die eigenen tiefen moralischen Überzeugungen rückhaltlos zu unterstützen.

Menschen erwarten von ihren Führungseliten *Wohlstand* und *Sinn,* und beides ist vielfach ineinander verwoben. Niemand ist bereit, für geistige Orientierung und Sinn systematisch auf Wohlstand zu verzichten. Niemand wird aber umgekehrt ein erfülltes Leben führen können, wenn es ihm materiell gut geht, er aber ohne Sinnerfahrung nur von einem Vergnügen ins nächste taumelt.

Die Blockade der unumgänglichen Reformen hat letztlich geistig-moralische Ursachen. Die notwendigen Reformprozesse sind *moralisch blockiert*. Wir fahren die Marktwirtschaft mit angezogener Handbremse.

Nun sollte man die moralischen Bedenken der Menschen nicht einfach mit leichter Hand abtun: Das würde bei ihnen den Widerstand nur verstärken und das moralische Kapital, auf das jede Gesellschaft angewiesen ist, vernichten. Stattdessen gilt es, die moralischen Probleme mit der Marktwirtschaft ernst zu nehmen und den Menschen geistige Orientierung zu geben, indem man sie mit belastbaren

Argumenten von der sittlichen Qualität der Marktwirtschaft und der Tätigkeit der Unternehmen überzeugt – bei allen Defiziten, die empirisch zu beklagen sind.

Das Bestreben der vorliegenden Schrift zielt darauf, dieses Defizit zu beheben. Das soll in drei Kapiteln geschehen. In Kapitel 1 mit der Überschrift „Ethik der Marktwirtschaft" geht es um die moralische Qualität des marktwirtschaftlichen Systems. Kapitel 2 behandelt die „Ethik der Unternehmen in der Marktwirtschaft". In Kapitel 3 schließlich werden „Defizite realer Marktwirtschaften" erörtert, weil diese Mängel in der Lage sind, die ethische Akzeptanz der Marktwirtschaft und der Unternehmenstätigkeit nachhaltig zu untergraben.

Die Überlegungen sind geleitet von dem Gedanken: *Ideas matter*. Ideen, also Vorstellungen darüber, wie die Welt funktioniert und wie sie funktionieren sollte, haben einen unmittelbaren Einfluss auf das Handeln der Menschen. Mit falschen Theorien im Kopf wird das Handeln systematisch fehlgeleitet. Was für Technik und Medizin unbestritten ist, gilt auch für Fragen von Moral und Ethik. Aufklärung und Bildung in diesem Feld tun not. Der Gedanke ist alles andere als neu: „Ich sehe die Zeit kommen, da selbst die Freiheit, der Friede des Staates und die soziale Ordnung die Bildung nicht mehr werden entbehren können."[1]

[1] Tocqueville, Alexis de, 1985, Über die Demokratie in Amerika [1835–1840], ausgewählt und eingeleitet von J. P. Mayer, Stuttgart, S. 258.

1 Ethik der Marktwirtschaft

Die Ethik des Systems der Marktwirtschaft wird in drei Abschnitten entwickelt. Zuerst wird die Kritik an der Marktwirtschaft skizziert. Es folgt die Darstellung der Ethik der Marktwirtschaft. Beschlossen wird Kapitel 1 mit der Kritik an falschen Argumenten, mit denen versucht wird, die Marktwirtschaft zu rechtfertigen.

1.1 Die Kritik an der Marktwirtschaft

Versucht man, die diffusen Vorbehalte gegen die Marktwirtschaft gedanklich zu ordnen, lassen sich fünf Klassen von Bedenken unterscheiden: moralische, gesellschaftliche, politische, theoretische und empirische. Sie seien im Folgenden erläutert.

Moralische Bedenken

Vielfach wird argumentiert, die Marktwirtschaft fördere anstelle von Solidarität Egoismus, Gewinnstreben, Profitgier, Maßlosigkeit, Materialismus und „niedere" Präferenzen. Dies alles zielt auf die Haltung, den Habitus der Akteure. Traditionelle Tugenden wie Gerechtigkeit, Maß, Nächstenliebe sowie die Ausbildung der „höheren" – der geistigen – Fähigkeiten blieben auf der Strecke. Vor allem der Wettbewerb, verstanden als „Kampf aller gegen alle", sei für die Erosion von Nächstenliebe, Altruismus und Solidarität verantwortlich. Schließlich lege die Marktwirtschaft ein pessimistisches Menschenbild – den nur auf seinen Vorteil bedachten Homo oeconomicus – zugrunde, das empirisch falsch und ethisch ruinös sei.

Ein zweites Argument dieser Klasse von Bedenken, das ebenfalls weitverbreitet ist, zielt auf die Verteilungsergebnisse des Marktes, die „ungerecht" und „unsozial" seien: Die Schere zwischen Arm und Reich öffne sich national und international immer weiter.

Gesellschaftliche Bedenken

Blickt man auf die gesellschaftlichen Effekte der von der Marktwirtschaft geforderten und geförderten Haltungen, dann lassen sich folgende kritische Argumente ausmachen.

Markt und Wettbewerb führten zu einer „Ellbogengesellschaft", in der die Starken die Oberhand behielten und die Schwachen auf der Strecke blieben: „Sozial-Darwinismus" lautet das Stichwort. Es breite sich „soziale Kälte" aus, es werde der

Individualismus des „Jeder ist sich selbst der Nächste“ gefördert, der Materialismus greife um sich, und es komme zu einer zunehmenden „Ökonomisierung aller Lebensbereiche“, der selbst Kultur, Bildung, Erziehung und Gesundheit unterworfen würden.

In anderen Kategorien und etwas anders akzentuiert lautet die Kritik so: Markt und Wettbewerb gewährten nur eine formale Freiheit der Wahl, aber keine materiale Freiheit, sodass das Argument, die Marktwirtschaft sei gegenüber der Zentralverwaltungswirtschaft des früheren Sozialismus das „System der Freiheit“, eigentümlich hohl und für Arme, Schwache, Arbeitslose und andere ohne jede Plausibilität bleibe.

Theoretische Bedenken

Seit Entstehen der Marktwirtschaft wird sie von der Kritik begleitet, die Vielfalt und Gegensätzlichkeit der Privatinteressen könne niemals zu einer stabilen Ordnung führen, sondern nur ins Chaos. Es sei naiv, mit Adam Smith an die Metaphysik des Marktes und der „unsichtbaren Hand“ zu glauben, die eine solche verlässliche Ordnung quasi automatisch herstellen würde. Das Gemeinwohl werde vielmehr in den Widersprüchlichkeiten eines Systems von Privatinteressen zerrieben.

Bestätigt werde diese Kritik durch mikrotheoretische Analysen zum „Marktversagen“: Bei öffentlichen Gütern, zum Beispiel Rechtssicherheit, und bei externen Effekten, zum Beispiel Umweltverschmutzung, seien Marktlösungen unmöglich – hier müsse daher der Staat eingreifen, das politische System also.

Politische Bedenken

Bei dieser Klasse von Argumenten steht im Zentrum der Gedanke, dass der Faktor Kapital nicht nur über den Faktor Arbeit Macht habe, sondern diese zunehmend auch über die Politik gewinne oder bereits gewonnen habe, und zwar national und international.

Aktuelle Front in der Globalisierungsdebatte ist nach dieser Auffassung, dass multinationale Unternehmen bei Standortentscheidungen Staaten gegeneinander ausspielen und dass die Finanzmärkte die nach Meinung der Investoren schlechte Wirtschaftspolitik ganzer Länder abstrafen würden. Dies sei besonders bedenklich für demokratische politische Ordnungen: Schließlich sollten die Bürger selbst – über die Prozesse der demokratischen Willensbildung – über die Wirtschaftspolitik bestimmen und nicht das Kapital. So werde die Demokratie untergraben: Auf diese Formel lässt sich die Kritik zuspitzen.

Empirische Bedenken

Schließlich lassen sich noch – wie gegen sämtliche Soll-Vorschriften – empirisch fundierte Bedenken vorbringen: Die Marktwirtschaften würden auch in den Industrienationen, die sich als Marktwirtschaften präsentieren, grundlegende soziale Probleme, und zwar alte und neue, ungelöst vor sich herschieben. Vor allem aber hielten sich die Marktwirtschaften des Westens selbst keineswegs an die marktwirtschaftlichen Prinzipien, deren Einhaltung sie in internationalen Verhandlungen von den Entwicklungsländern einforderten. Sie würden vielmehr recht ungeniert und offen Protektionismus betreiben. Selbst wenn man zu vermeiden sucht, ein Modell unmittelbar mit der Wirklichkeit zu vergleichen, wobei die Wirklichkeit immer defizitär erscheinen muss, wird man solche Bedenken sehr ernst nehmen müssen, weil sie die Glaubwürdigkeit der (Protagonisten der) Marktwirtschaft untergraben.

Diese hier aufgelisteten Bedenken gegen die Marktwirtschaft sind sämtlich *normativ* und *moralisch fundiert* – oder haben, wie die theoretischen Bedenken, zumindest normative Implikationen. Da gilt: Ideas matter, kommen wir – sollen ein „Ruck" durch die Gesellschaft gehen und die Herausforderungen der Globalisierung gemeistert werden – an einem Diskurs über die Ethik der Marktwirtschaft nicht vorbei. Bislang jedenfalls ruft jeder Reformvorschlag moralische Bedenken im weiteren Sinne hervor, was sich politisch oft in Form einer Verwässerung der Reformen niederschlägt, wodurch nicht selten genau das Gegenteil des ursprünglichen Vorschlags bewirkt wird. Eine Verständigung über die Sittlichkeit der Marktwirtschaft ist daher von essentieller Bedeutung für die Zukunftsfähigkeit unserer Gesellschaft.

1.2 Das ethische Programm der Marktwirtschaft

Da die Kritik an der Marktwirtschaft im Wesentlichen normativ begründet ist, geht es im Folgenden darum, das ethische Programm der Marktwirtschaft zu umreißen und durch Zurückweisung einzelner Kritikpunkte (Metakritik) weiter zu profilieren.

Als normativer Maßstab soll dabei genau jener Maßstab dienen, den auch die Kritiker in Anspruch nehmen: *Freiheit als Chance zur Selbstverwirklichung aller Einzelnen und die Solidarität aller Menschen.* Diese sind als das Erbe der abendländisch-christlichen Ethik zu betrachten. Kritik und Metakritik stützen sich damit nicht auf unterschiedliche Werte, sondern auf dieselbe normative Grundlage, sodass die Diskussion nicht über verschiedene normative Ziele geht, sondern über die geeigneten Mittel, die gemeinsamen Ziele der Freiheit und der Solidarität aller Menschen zu erreichen. Diese Frage lässt sich mit Mitteln der positiven Wissenschaft beantworten.

Natürlich stellt die Ethik für die moderne Marktwirtschaft andere Handlungsempfehlungen auf als die vormarktwirtschaftliche Ethik – zum Beispiel die Forderung, Wettbewerb sogar bis zum wirtschaftlichen Ruin von Konkurrenten zu treiben und sich von der Gewinn- oder Vorteilsmaximierung leiten zu lassen. Die vormoderne Ethik hat das und dergleichen mehr als Raffgier (griechisch: Pleonexia) gebrandmarkt. Handlungsempfehlungen aber resultieren immer aus zwei Prämissen: Aus einem normativen Ideal und aus den Bedingungen, unter denen dieses Ideal realisiert werden muss. Da das Ideal, die Freiheit und Solidarität aller Menschen, in Kritik und Metakritik programmatisch identisch bleibt, müssen die unterschiedlichen Handlungsempfehlungen auf die unterschiedlichen Bedingungen zurückgeführt werden, unter denen dieses Ideal verwirklicht werden muss. Dieser Gedanke führt zu der leitenden, im Folgenden zu begründenden These:

Die Marktwirtschaft mit Vorteils-/Gewinnstreben und Wettbewerb ist unter den Bedingungen der modernen Welt das beste bisher bekannte Instrument zur Verwirklichung von Freiheit und Solidarität aller Menschen.

Es sind diese Bedingungen der modernen Welt, die den Vater der Ökonomik, Adam Smith, der bekanntlich Professor für Logik und Moralphilosophie war und 1759 die „Theorie der ethischen Gefühle“ veröffentlicht hatte, in dem 1776 erschienenen Buch „Wohlstand der Nationen“ zu einem neuen Paradigma für eine moderne Ethik der Marktwirtschaft geführt haben.

Die Ethik der Marktwirtschaft

Die überkommene Ethik des Abendlandes ist in ihren Grundbegriffen vor dem Hintergrund vormoderner Gesellschaften entstanden. Sie war eine Ethik für kleine, überschaubare Gruppen und für eine Gesellschaft, in der es kein nennenswertes Wirtschaftswachstum gab. Eine solche Gesellschaft lässt sich im Nullsummenparadigma beschreiben, wonach der eine nur das gewinnen kann, was andere verlieren, sodass die Summe von Gewinnen und Verlusten immer null bleibt. Die Ethik des „Maßes“, die sittliche Verurteilung von Raffgier (Pleonexia) und Kapitalbildung (Chrematistik), das Zinsverbot und dergleichen mehr waren auf diese vormoderne Gesellschaft bezogen und hier plausibel, weil funktional, da Gewinne aus solchen Praktiken auf Kosten anderer gingen. Zu ungleiche Vermögensverhältnisse beruhten in dieser Nullsummengesellschaft auf Ausbeutung anderer und nicht auf besserer Ressourcennutzung, sodass das relative Gleichheitspostulat nötig war, um gesellschaftliche Konflikte möglichst zu vermeiden, sie jedenfalls nicht ruinös werden zu lassen.

Demgegenüber betritt die moderne Gesellschaft mit der Marktwirtschaft als Wachstumsgesellschaft die Bühne der Weltgeschichte: Durch Gewinnstreben und Kapitalbildung bei den „Reichen" kann jetzt auch die Lage der „Armen" verbessert werden. Die moderne Gesellschaft spielt Nicht-Nullsummenspiele.

Außerdem befinden wir uns, wie der Unterschied zwischen den beiden Büchern von Adam Smith deutlich werden lässt, nicht mehr in den überschaubaren Kleingruppen der Familie, der Freundschaft, des Dorfes, sondern in der anonymen Großgesellschaft. Diese ist durch tiefe Arbeitsteilung, lange Produktionswege und zunehmende Mobilität der Einzelnen gekennzeichnet, die sich jetzt ohne große Kosten der unmittelbaren Kontrolle durch ihre Umwelt und deren informellen Sanktionen entziehen können. Es bildet sich das Funktionssystem Wirtschaft mit eigenen Gesetzmäßigkeiten heraus, das sich zunehmend der direkten Steuerung von außen, durch das politische System, traditionell also den Staat, entzieht und gerade dadurch ökonomisch so leistungsfähig wird. Politische Durchgriffe in die Wirtschaft sind heute nur um den Preis der Ineffizienz zu haben, die in aller Regel zuerst und am stärksten die „Armen" trifft. Die Frage für den Moralphilosophen Adam Smith war, wie sich unter diesen – gegenüber der Vormoderne grundlegend veränderten – Bedingungen die Freiheit und die Solidarität aller Menschen verwirklichen lässt. Hier gibt er im „Wohlstand der Nationen" eine innovative Antwort von welthistorischer Bedeutung, eine Antwort, die sich allerdings, wie die weitverbreitete normative Kritik an der Marktwirtschaft zeigt, in unserem ethischen Selbstverständnis bis heute nicht durchgesetzt hat.

Eine Ethik der Marktwirtschaft muss zwei Ebenen des Handelns unterscheiden: *Handlungen und Handlungsbedingungen*. In der Sprache des Sports heißt das: *Spielzüge und Spielregeln*. Da unter den Bedingungen des Wettbewerbs moralisch motivierte Vor- und Mehrleistungen Einzelner, sofern sie zu Kostenerhöhungen führen, von der weniger moralischen Konkurrenz ausgebeutet werden können, kann sich der einzelne Akteur moralisch verhalten nur unter der Bedingung, dass seine Konkurrenten denselben Moralstandards unterworfen werden. Das bedeutet, dass Moral in allgemein verbindliche, also auch die Konkurrenten bindende Regeln inkorporiert werden muss, weil sie nur so ausbeutungsresistent praktiziert werden kann.

Für das Regelsystem und seine Durchsetzung ist der Staat – allgemeiner: das politische System – zuständig, während das wirtschaftliche Handeln im Wettbewerb allein Sache der Akteure auf dem Markt ist. Das ist ganz wie im Fußball, wo die FIFA die Regeln setzt und Schiedsrichter mit deren Durchsetzung beauftragt, während die Spielzüge allein von den Mannschaften und deren Spielern bestritten werden.

Das bedeutet nicht, dass individuelle Moral – „Tugend", wenn man so will – überflüssig wäre. Im Gegenteil: In einer Welt beschränkten Wissens und dynamischer Entwicklungen können nicht alle Probleme durch gesetzliche Bestimmungen ex ante geregelt werden, sodass hier die individuelle Moral eine unverzichtbare Aufgabe zu übernehmen hat; dies schließt die Rolle des Chefs als Vorbild für die Mitarbeiter ein. Allerdings bedarf die Moral der Einzelnen der nachhaltigen Stützung durch die Rahmenordnung, da sie sonst durch weniger moralische Konkurrenten ausgebeutet werden kann.

Das Verhältnis von Ordnungsmoral und Handlungsmoral lässt sich daher so bestimmen: Da keine Ethik vom Einzelnen verlangen kann, dass er dauerhaft und systematisch gegen seine Interessen handelt, kann es individuelle Moral in der Marktwirtschaft nur unter zwei Bedingungen geben: Entweder muss sie durch ein entsprechendes Regelsystem vor Ausbeutung im Wettbewerb geschützt werden, also durch eine geeignete Rahmenordnung gestützt sein, oder das moralische Verhalten selbst muss den Akteuren Vorteile im Wettbewerb bringen. Anders formuliert: Unter den Bedingungen moderner Gesellschaften mit Marktwirtschaft kann Moral im Normalbetrieb nur dann praktiziert werden, wenn sie in die Rahmenordnung inkorporiert ist oder dem moralischen Akteur ökonomische Vorteile bringt. Dabei umfasst die „Rahmenordnung" all jene Regeln und Bestimmungen, die als Ordnungsvorgaben politisch gestaltet werden können: Verfassung, Eigentumsrechte, Vertrags- und Gesellschaftsrecht, die gesamte Wirtschaftsordnung bis hin zu den Grundzügen von Steuerrecht, Arbeits- und Tarifrecht, Umweltrecht.

Die Moral, inhaltlich also die Freiheit und Solidarität aller Menschen als Prinzipien der Moral, wird durch ein sanktionsbewehrtes System von Regeln ermöglicht, das dafür sorgt, dass derjenige Nachteile zu erwarten hat, der moralische Erwartungen anderer nicht erfüllt. Positiv formuliert: Dass nur derjenige selbst Vorteile erzielt, der seinen Mitmenschen etwas zu bieten hat, was diese wünschen und wofür sie Zahlungsbereitschaft entwickeln. Die Solidarität aller Menschen wird in der modernen Marktwirtschaft grundlegend nicht durch tugendhaftes Handeln der Einzelnen und ihre moralischen, solidarischen Motive gewährleistet, sondern durch eine geeignete Rahmenordnung. Deren Aufgabe ist es nicht, das Eigeninteresse der Akteure zu bändigen oder zu eliminieren, sondern das Eigeninteresse in jene Richtung zu lenken, die auch den Mitmenschen Vorteile bringt. Nicht Domestizierung des Eigeninteresses ist das ethische Programm, sondern die Stärkung, Entfesselung des Eigeninteresses unter einer geeigneten Rahmenordnung, weil dadurch den Interessen der Mitmenschen, der Solidarität aller am besten, am effizientesten gedient ist. Das individuelle Vorteilsstreben mag durchaus eine biologische Grundlage haben. Seine ethische Rechtfertigung findet es aber allein dadurch, dass es Ausdruck individueller Freiheit und Motor der Solidarität aller ist.

Einige Implikationen dieses entschieden ethischen Programms der Marktwirtschaft sollen aufgezeigt werden.

1. Moral hängt in der Marktwirtschaft nicht von moralischen Motiven – dem „guten Willen" – ab, sondern grundlegend von der geeigneten Rahmenordnung. Der Wohlstand aller ist nicht im Wohlwollen der Akteure begründet.

2. Unmittelbar handlungsleitendes Motiv ist und bleibt das Eigeninteresse: „Nicht vom Wohlwollen des Metzgers, Brauers und Bäckers erwarten wir das, was wir zum Essen brauchen, sondern davon, dass sie ihre eigenen Interessen wahrnehmen. Wir wenden uns nicht an ihre Menschen-, sondern an ihre Eigenliebe, und wir erwähnen nicht die eigenen Bedürfnisse, sondern sprechen von ihrem Vorteil."[2]

3. Moralisch empörende Zustände in der Welt haben ihren Grund nicht im Eigeninteresse, in der Profitgier, im Egoismus (der Unternehmen), sondern in fehlerhaften, defizitären Rahmenordnungen oder im Fehlen von Rahmenordnungen überhaupt. Wo Raub, Korruption oder Vertragsbruch nicht geahndet werden, wo die Eigentumsrechte nicht gesichert sind, müssen der Rechtsstaat etabliert und das Recht effizient durchgesetzt werden.

[2] Smith, Adam, 1978, Der Wohlstand der Nationen [1776], übersetzt von H.-C. Recktenwald, revidierte Fassung, München, S. 17.

4. Korrekturen solch unmoralischer Zustände können nicht über Appelle an die Einzelnen – und die spiegelbildlichen Schuldzuweisungen bei Nichtbeachtung – erfolgen, sondern nur durch eine Änderung der Rahmenordnung.

5. Moral muss – generell unter den Bedingungen moderner, funktional differenzierter Gesellschaften – *in* und *mit* der ökonomischen Logik durchgesetzt werden und *nicht gegen* sie: Moral wird nur in der Anreizlogik der Ökonomik wirksam oder gar nicht.

6. Das erfordert eine Neueinschätzung des individuellen Vorteilsstrebens. Dieses ist nicht als solches unsittlich: Weder die Goldene Regel noch das christliche Liebesgebot noch der kategorische Imperativ Kants verurteilen das individuelle Vorteilsstreben als solches. Die Demarkationslinie zwischen unsittlichem und sittlichem Handeln ist vielmehr zwischen einem Vorteilsstreben auf Kosten anderer und einem Vorteilsstreben, das auch den anderen Vorteile bringt, zu ziehen. Dabei fallen diese Vorteile für die anderen in der Marktwirtschaft nicht als „milde Gaben“ an, sondern in Form guter, preiswerter, innovativer Produkte und Dienstleistungen über den normalen Marktprozess.

7. Markt und Wettbewerb, Privateigentum und Gewinnstreben finden ihre ethische Rechtfertigung allein in den wohltätigen Systemwirkungen, die von ihnen auf alle Menschen ausgehen. Sie sind – unter der Voraussetzung einer geeigneten Rahmenordnung – die effizientesten Mittel zur Realisierung der Freiheit und der Solidarität aller Menschen, die bisher bekannt sind.

Es lässt sich nicht bestreiten, dass alle empirischen Marktwirtschaften zum Teil weit hinter dieser Konzeption zurückbleiben. Das aber ist kein Grund, die Marktwirtschaft mit ihren Konnex-Instituten Wettbewerb, Privateigentum, Gewinnstreben, Nutzenmaximierung usw. abzulehnen oder auch nur einzuschränken. Die ethische Devise zielt vielmehr in die entgegengesetzte Richtung: Verbesserung und Vollendung der Marktwirtschaft zum Wohl aller. Kurz: *Ethik verlangt nicht weniger Markt, sondern mehr Markt; einen besseren Markt.*

Das liegt nicht in einer historisch entstandenen „Umwertung aller Werte“ begründet, vielmehr in der Notwendigkeit, die alten Prinzipien der Freiheit und Solidarität aller Menschen, die uneingeschränkt gültig bleiben, unter den spezifischen Bedingungen der modernen Gesellschaft zur Geltung zu bringen.

Metakritik

Das in den Grundzügen entwickelte ethische Programm der Marktwirtschaft erlaubt es jetzt, wichtige Argumente der Kritik an der Marktwirtschaft – vgl. Abschnitt 1.1 – zurückzuweisen und dabei das Verständnis der Marktwirtschaft, das der Argumentation zugrunde liegt, weiter zu profilieren.

1. Das Verfolgen von unterschiedlichen, teils antagonistischen Privatinteressen führt, wie auch axiomatisch nachgewiesen werden konnte (Kenneth J. Arrow, Gerard Debreu), nicht mit logischer Notwendigkeit ins Chaos. Aber es führt auch nicht automatisch zum „Wohlstand der Nationen", zum Gemeinwohl. Damit der Wohlstand in diesem weiten Sinne hervorgebracht wird, bedarf es einer geeigneten Rahmenordnung. Die „unsichtbare Hand" des Adam Smith setzt die „sichtbare Hand" der politisch gestalteten Ordnung voraus. Die hier immer in Anspruch genommene Rahmenordnung ist kein Faktum, sondern eine Gestaltungsaufgabe. Man muss – in der Sprache des Nobelpreisträgers James M. Buchanan – streng zwischen *choices among rules* und *choices within rules* unterscheiden: Die choices among rules haben die Aufgabe, die Ordnung so zu entwickeln, dass die choices within rules möglichst automatisch Wohlstand für alle hervorbringen. Der legitime Ort der „unsichtbaren Hand" des Adam Smith sind die choices within rules, sie setzen eine Rahmenordnung voraus. Von einem blinden Vertrauen in einen Automatismus der Märkte, von einer „Metaphysik des Marktes", kann in diesem Zusammenhang demnach keine Rede sein.

   Diese Ordnung von Wirtschaft und Gesellschaft wird in einer Demokratie letztlich von den Betroffenen, also den Bürgern selbst gesetzt. Sie bedienen sich dabei allerdings Beauftragter, die sich auf die Tätigkeit des Regelsetzens (und des Regierens) spezialisiert haben, also der Politiker im weiten Sinn. Damit tragen Politiker eine besondere Verantwortung für das Gemeinwesen. Außerdem unterliegen sie vielfältigen Kontrollen, die sicherstellen sollen, dass sie dem Wohl der Bürger, der Freiheit und Solidarität aller dienen – angefangen bei verfassungsmäßigen Beschränkungen und Gewaltenteilung über Wahlen und parlamentarische Opposition bis hin zur öffentlichen Kritik, bei der den Medien besondere Verantwortung zukommt.

2. Markt und Wettbewerb zerstören nicht die Solidarität aller, sie sind vielmehr besonders effiziente Mittel, die Solidarität aller unter den Bedingungen moder-

ner, anonymer Großgesellschaften auf breiter Front – und trotz einer enorm gewachsenen Bevölkerung – zu realisieren. Markt und Wettbewerb sind ebenso wenig Selbstzweck wie Kapitalbildung und Gewinnstreben, sie sind Mittel zur Verwirklichung des Wohlstands aller. „Wettbewerb ist Mittel, aber nicht letzter Zweck", heißt es im programmatischen Vorwort zum ersten Band des Jahrbuchs „Ordo" von 1948 (S. XI). Auch das Privateigentum findet seine ethische Rechtfertigung nicht im Nutzen für den Eigentümer, sondern im Nutzen für die Nicht-Eigentümer. Dieser Nutzen wird über den normalen Austauschprozess auf den Märkten generiert. Analoges gilt für Gewinnstreben und Shareholder Value.

3. Die Marktwirtschaft ist im Ergebnis kein System des Egoismus. Allerdings bildet die Verfolgung des Eigeninteresses – unter einer Rahmenordnung natürlich – den Motor für wirtschaftliche und gesellschaftliche Entwicklung und Wachstum. Es ist darauf zu achten, dass das Eigeninteresse nicht als solches schon ethisch diskreditiert wird, was auch die Ethik-Tradition nicht tut. Das Eigeninteresse ist vielmehr als Motor für das Wohlergehen breiter Bevölkerungskreise zu betrachten und daher mindestens als sittlich neutral, unter Bedingungen moderner Marktwirtschaften mit geeigneter Rahmenordnung sogar als sittliches Instrument einzustufen.

4. Der Marktwirtschaft liegt kein pessimistisches Menschenbild zugrunde, das nach Meinung der Kritiker allen Grund zu einem Kulturpessimismus liefert. Zum einen ist der allein auf seinen individuellen Vorteil zielende Homo oeconomicus kein „Menschenbild", sondern ein theoretisches Konstrukt, das eine zuverlässige Prognose des Verhaltens in jenen Situationen erlaubt, in denen kostenträchtige moralische Vor- und Mehrleistungen von der weniger moralischen Konkurrenz ausgebeutet werden können: Dagegen kann sich der Einzelne nur durch präventive Gegenausbeutung wehren, indem er streng auf seinen Vorteil achtet. Zum anderen ist die Marktwirtschaft mit Wettbewerb von der Auffassung getragen, dass es möglich ist, auf der Grundlage von so ungünstigen Voraussetzungen dennoch eine Ordnung der Freiheit und Solidarität aller Menschen zu errichten. Der Ausgang von dem (vermeintlich) ungünstigen Eigeninteresse stellt einen methodischen Kunstgriff dar, der die Möglichkeit einer Ordnung und die Leistungsfähigkeit der Ordnung in besonders hellem Licht erscheinen lässt. Die hier dargelegte Konzeption ist also von einem ganz starken Optimismus getragen.

5. Wenn das unmittelbar handlungsleitende Motiv im Wettbewerb die Verfolgung des Eigeninteresses ist und bleibt, darf man darin nicht einen Charakterfehler oder einen Verfall der Moral sehen. Die Moral in der Marktwirtschaft liegt nicht in moralischen oder altruistischen Motiven, sondern fußt auf den Ergebnissen des marktwirtschaftlichen Prozesses: Der Wohlstand aller hängt nicht vom Wohlwollen der Akteure ab, sondern von der Rahmenordnung, die mithilfe des Eigeninteresses die allseits gewünschten Ergebnisse hervorbringt. So betrachtet, blicken die Kritiker der Marktwirtschaft nur auf die Handlungen der Marktteilnehmer und ihre unmittelbaren Handlungsmotive, also auf die Spielzüge, übersehen aber den Zusammenhang, in den die Handlungen in einer guten Rahmenordnung eingebettet sind und der erst die sittliche Qualität der Marktwirtschaft begründet.

6. Marktwirtschaft fördert nicht den Materialismus. Vielmehr versteht man in der modernen Ökonomik unter „Vorteilen" alles, was die Menschen selbst als Vorteile ansehen, also Einkommen und Vermögen ebenso wie Gesundheit, Muße, ein gutes, ein gelingendes Leben in Gemeinschaft mit anderen und dergleichen mehr. Moderne Ökonomik hat systematisch mit Geld nichts zu tun, sondern mit Vorteilen in diesem weiten Sinn.

7. Es ist richtig, dass Markt und Wettbewerb dem Einzelnen permanent viel abverlangen. Joseph A. Schumpeter kennzeichnet die Marktwirtschaft als „Prozess der schöpferischen Zerstörung"[3]. Über Nacht gewissermaßen werden ganze Kapitalbestände entwertet, wenn jemand anderes bessere Produkte oder Produktionsverfahren erfindet. Es gibt in Marktwirtschaften keinen Bestandsschutz für den Status quo. Doch gerade dieses stressige System produziert über Jahre oder Jahrzehnte hinweg ein hohes allgemeines Wohlstandsniveau. Der Wettbewerb spielt die entscheidende Rolle: Er sorgt für Preissenkungen und Qualitätssteigerungen, für Innovationen, er zwingt die Konkurrenten, Innovationen anderer schnell zu übernehmen, und er sorgt für die permanente Bedrohung und Erosion von Machtpositionen, die im Marktprozess immer wieder entstehen.

[3] Schumpeter, Joseph A., 1972, Kapitalismus, Sozialismus und Demokratie [1942], 3. Auflage, München, S. 134.

8. Es ist richtig, dass die Marktwirtschaft eine ungleiche Verteilung der Ergebnisse hervorbringt. Doch diese ist nur in einer stationären Wirtschaft ohne Wachstum, die sich im Nullsummenparadigma beschreiben lässt, ein moralisches Übel, weil sie hier Konflikte schafft und verschärft. Eine Wachstumsgesellschaft spielt demgegenüber Nicht-Nullsummenspiele, sodass durch den Reichtum einiger, zum Beispiel innovativer Unternehmer, auch die Armen gewinnen können – in Form von guten und preiswerten Produkten, Arbeitsplätzen und Einkommen, steuerfinanzierten öffentlichen Gütern und anderem. Gleichheit ist kein Wert an sich, und moderne Gesellschaften ziehen den größten Teil ihres „Reichtums" aus Ungleichheiten: in Begabung, Anlagen, Fertigkeiten, Ideen, Kulturen. Gleichheit ist ein Kulturprodukt, das höchst artifiziell geschaffen und nur höchst selektiv eingesetzt wird, etwa als Gleichheit vor dem Gesetz oder in Form des gleichen Stimmrechts in demokratischen Wahlen.

9. Allerdings findet die Ungleichheit ihre ethische Rechtfertigung erneut nicht als vermeintliche „Natur-Tatsache", sondern in dem Nutzen, den die Allgemeinheit aus der Ungleichheit der Menschen zieht. Es ist den verschiedenen Gesellschaften zu überlassen, selbst zu bestimmen, an welcher Stelle sie wie viel Gleichheit wollen – im klaren Bewusstsein, dass sie bei zu viel Gleichheit oder Gleichheit an der falschen Stelle mit ökonomischen Nachteilen bezahlen müssen, unter Umständen bis zum Zusammenbruch eines ganzen Systems (Sozialismus).

10. Es ist nicht richtig, dass Markt und Wettbewerb den Individualismus fördern und die Solidarität zerstören. Richtig ist, dass die Solidarität mit den Mitmenschen nicht mehr in den Motiven, Gesinnungen, Intentionen der Akteure im Markt liegt, sondern in der institutionell gestifteten Verbundenheit. Aufgrund der Strukturen moderner anonymer Großgesellschaften mit Funktionssystemen kann die Solidarität aller nicht mehr motivational und intentional garantiert werden, schon deswegen nicht, weil niemand alle die kennen kann, die aus seinem Handeln Vorteile ziehen können. Moderne Gesellschaften sind intentional entkoppelt und institutionell verknüpft (Andreas Suchanek). Der Einzelne ist heute mit viel mehr Menschen institutionell verbunden, als das in den überschaubaren Kleingruppen der Vormoderne der Fall war. Die Forderung nach Restitution der motivationalen, intentionalen Verknüpfung kommt der Forderung nach einem Regress in die Kleingruppengesellschaft gleich, mit den entsprechenden – auch ökonomischen – Folgen.

11. Manche Produkte sind, so die Kritik, nicht über Märkte anzubieten, weil sie öffentliche Güter darstellen. Man spricht von Marktversagen und sieht darin eine Begründung dafür, diese Güter dem Marktprozess zu entziehen. Doch auch hier ist der Antagonismus von Markt und Staat von Übel. Wir haben gelernt, dass aufgrund technischer und sozialer Innovationen viele ehemals öffentliche Güter heute über den Markt angeboten werden können – als jüngstes Beispiel die Lkw-Maut –, was wegen der höheren Effizienz den Bürgern zugute kommt. Darüber hinaus ist staatliche Tätigkeit kein Gegensatz zum Marktprozess, sondern dessen Voraussetzung. Es geht hier darum, Markt und Staat in ein produktives Verhältnis zu setzen. Das bedeutet, dass der Staat seine letzte Bestimmung darin hat, den Bürgern eine Ordnung zu geben – choices among rules –, innerhalb derer diese Bürger ihre individuellen Vorstellungen anreizkompatibel am ehesten verwirklichen können – choices within rules.

12. Da es außer Marktversagen auch Staatsversagen gibt, wie uns die Public-Choice-Theorie der letzten Jahrzehnte eindrucksvoll gezeigt hat – und was die Bürger intuitiv schon immer gewusst haben –, ist eine Kontrolle der Politik dringend erforderlich. Neben demokratischen Wahlen, kritischer Öffentlichkeit und Überprüfung durch die Justiz ist die Kontrolle der Politik durch die Kapitalmärkte außerordentlich wünschenswert. Demokratie kann nicht die Lizenz für die Politiker bedeuten, auf Kosten der (noch nicht geborenen) Bürger ökonomischen Unsinn zu machen. Im Übrigen zeigen uns soziologische Analysen zu den Strukturen moderner Gesellschaften, dass die Steuerungsmöglichkeiten des politischen Systems (der Nationalstaaten) durchaus begrenzt sind. Politik ist nicht ohne Einfluss auf die Wirtschaft, aber einen guten, der Freiheit und der Solidarität aller dienenden Einfluss hat die Politik auf die Wirtschaft nur dann, wenn sie die Eigengesetzlichkeiten der Wirtschaft ernst nimmt und in Rechnung stellt und nicht versucht, diese zu bekämpfen.

Vorstehende Überlegungen lassen sich zusammenfassen: Die Marktwirtschaft als solche hat eine sittliche Qualität, weil sie unter den Bedingungen moderner Gesellschaften das beste bisher bekannte Mittel zur Verwirklichung der Freiheit und der Solidarität aller Menschen ist. Trotz der zum Teil völlig anderen Handlungsempfehlungen bleibt sie mit den Prinzipien der abendländisch-christlichen Ethik-Tradition in voller Übereinstimmung. Sie ist gewissermaßen die *institutionalisierte Solidarität oder Nächstenliebe*, insofern in der Marktwirtschaft mit geeigneter Rahmenordnung nur derjenige individuelle Vorteile erzielen kann, der seinen Mitmenschen etwas zu bieten hat, was diese auch tatsächlich wünschen.

Protagonisten und Kritiker der Marktwirtschaft vertreten also keine unterschiedlichen Werte. Sie fußen vielmehr auf denselben normativen Grundlagen. Die Differenz liegt allein in der unterschiedlichen Sicht der Bedingungen und Mechanismen, unter denen beziehungsweise mithilfe derer diese Prinzipien realisiert werden können.

1.3 Falsche Argumente zur Rechtfertigung der Marktwirtschaft

Nachdem das ethische Programm der Marktwirtschaft dargestellt und eine Reihe von Missverständnissen und Vorurteilen der Kritiker zurückgewiesen worden sind, geht es im Folgenden darum, Argumente zu prüfen, die die *Verteidiger* der Marktwirtschaft zu deren ethischer Rechtfertigung anführen. Es wird sich zeigen, dass eine Reihe von zentralen Argumenten, welche die Marktwirtschaft rechtfertigen sollen, mit Kategorien und Denkmustern arbeiten, die eher die Kritiker der Marktwirtschaft bestätigen. Eine konsistente, belastbare und für die Menschen verständliche ethische Rechtfertigung der Marktwirtschaft zu entwickeln, ist sicher so lange nicht möglich, wie die Verteidiger der Marktwirtschaft fortgesetzt Eigentore fabrizieren.

Das Verständnis des Sozialen in der Sozialen Marktwirtschaft

Bislang wurde das ethische Programm der Marktwirtschaft als solcher dargestellt. Von der Sozialen Marktwirtschaft, als welche die Wirtschaftsordnung der Bundesrepublik Deutschland gekennzeichnet wird, war noch gar nicht die Rede. Das ist jetzt nachzuholen – und hier findet sich eines der schwerwiegendsten Missverständnisse zur ethischen Qualität der Marktwirtschaft.

Wie die aktuelle Diskussion um Standortverlagerungen, Entlassungen bei gleichzeitigen Rekordgewinnen und Betriebsstilllegungen zeigt, versteht man in der Öffentlichkeit, in den Medien und in der Politik unter der Sozialen Marktwirtschaft eine Marktwirtschaft, die durch sozial motivierte Eingriffe gebändigt worden ist: Also eine „Marktwirtschaft light" gewissermaßen, in der dem Gewinnstreben und dem Wettbewerb die Zähne gezogen und Grenzen gesetzt sind, um die Betroffenen vor den schmerzlichen Auswirkungen der reinen Marktwirtschaft zu schützen. Bändigung, Zähmung, Domestizierung ist die bis tief in die Unionsparteien reichende Vorstellung von der Funktion des Sozialen in der Sozialen Marktwirtschaft. Es gehe in dieser Sozialen Marktwirtschaft um eine ethisch begründete Korrektur der Marktwirtschaft, es gehe um Umverteilung. Erst diese sozial und ethisch begründete Korrektur mache die Marktwirtschaft sittlich akzeptabel. Man kann diese Auffassung auf die Formel verdichten: *Sozialpolitik gegen den Markt*.

Diese Auffassung der Sozialen Marktwirtschaft ist die herrschende Auffassung. Aber sie ist mit schweren Hypotheken belastet, die unmittelbar auf die Politik in unserem Land durchschlagen. Drei Hypotheken sollen hier benannt werden.

- Wer explizit oder auch nur implizit die Vorstellung hegt, die Marktwirtschaft werde erst durch die sozialen Korrekturen ethisch akzeptabel, transportiert per Umkehrschluss zugleich die Auffassung, die Marktwirtschaft als solche sei unmoralisch, sei Teufelszeug. Wer die sittliche Qualität mehr oder weniger allein auf die sozialen Korrekturen stützt, stuft die Marktwirtschaft als solche als zutiefst unsittlich ein. Als Belege dafür werden angeführt: Egoismus, Gewinnstreben, Materialismus, gnadenloser Wettbewerb, fehlende Solidarität und Mangel an Patriotismus, also all das, was auch die Kritiker gegen die Marktwirtschaft vorbringen.

- Daraus ergibt sich unmittelbar eine politische Konsequenz: Wenn das *Ausmaß der Sittlichkeit* am *Ausmaß der sozialen Korrekturen* der Marktwirtschaft festgemacht wird, dann gibt es aus moralischen Gründen keine Grenze mehr für solche Korrekturen. Dann gilt die leitende Devise: Je mehr Korrekturen, desto mehr Sittlichkeit – bis die Marktwirtschaft großenteils oder ganz wegkorrigiert ist. Es gibt dann allenfalls noch die Begrenzung des Sozialen mit Hinweis auf die leeren Kassen, aber auch dieses Argument zieht nicht, da Moral ja wichtiger sei als ökonomische Kalkulation. Die Folge: Es werden Schulden auf Kosten künftiger Generationen gemacht.

- Wer die sittliche Qualität der Marktwirtschaft nicht an den Prinzipien dieser Marktwirtschaft selbst, sondern an den Korrekturen der Prinzipien und ihrer Ergebnisse festmacht, muss die Organisationen, die durch Gewinnstreben und Wettbewerb konstituiert sind, die *Unternehmen* nämlich, allein aufgrund dieser Vorstellung als *Gegner und Feinde* von Moral, Sittlichkeit, Humanität und Solidarität einstufen. Damit ist eine Erklärung für die moralische Diskreditierung der Unternehmen und der Unternehmenslenker gegeben, die aus einem tief verwurzelten, weitverbreiteten, gleichwohl völlig falschen Grundverständnis des Sozialen in der Sozialen Marktwirtschaft resultiert.

Wie kann ein angemessenes Verständnis des „Sozialen" in der Sozialen Marktwirtschaft unter diesen Umständen aussehen?

Es wurde argumentiert, dass die Marktwirtschaft als solche ein durch und durch moralisches Unternehmen mit einem expliziten ethischen Programm ist. Wenn wir dann in Deutschland an unserem System der Sozialen Marktwirtschaft festhalten wollen, *dann können wir das Soziale nicht mehr als ethische Korrektur eines an sich schon ethischen Unternehmens begreifen.* Wenn die Marktwirtschaft an sich bereits ein ethisches Unternehmen ist, kann sie durch das Soziale nicht korrigiert, sondern nur verbessert werden. Daher wird vorgeschlagen, die Soziale Marktwirtschaft als *Steigerung, als Verbesserung der Marktwirtschaft* und nicht als deren Korrektur zu verstehen.

Diese Auffassung stellt das traditionelle Verständnis auf den Kopf. Denn das heißt, dass die Soziale Marktwirtschaft die Prinzipien der Marktwirtschaft nicht bremst, sondern entfesselt – zum Wohl der Allgemeinheit. Mehr Markt und Wettbewerb, mehr – nicht kurzfristiges (Quartalszahlen), sondern – nachhaltiges Gewinnstreben, Forcierung statt Behinderung des Strukturwandels: Das sind Devisen, die sich aus diesem Verständnis ergeben.

Aus einer Sozialpolitik gegen den Markt muss eine *Sozialpolitik für den Markt* werden. Der Sozialpolitik kommt darin die Aufgabe zu, den Markt zu unterstützen, ihn (wieder) funktionsfähig zu machen. Neuerdings ist in diesem Zusammenhang die Rede vom „aktivierenden" Sozialstaat. Er soll die Menschen befähigen, (wieder) zu potenten Teilnehmern am Marktgeschehen zu werden – durch bessere Ausbildung, Weiterqualifizierung und anderes. Und er soll die Menschen bereit machen, risikofreudiger als ohne soziale Sicherung in Sach- und Humankapital zu investieren. Soziale Sicherung wird als Investition verstanden, die Aussicht auf Rendite eröffnet. Der Sozialstaat wird paradigmatisch als große Versicherung gesehen, und Versicherungen sind, wenn sie klug geschnitten sind, das heißt wenn die Anreizwirkungen von vornherein einkalkuliert werden, ein wichtiger Produktionsfaktor (Hans-Werner Sinn).

Das ist nur verständlich, wenn der Blick nicht nur auf die Schadensfälle (Arme, Alte, Kranke, Arbeitslose) gerichtet wird – die verursachen natürlich Kosten –, sondern vorrangig auf die Nicht-Schadensfälle und deren durch die Versicherung induziertes Verhalten. Dies kann bei einem kollektiven Sicherungssystem risikoreicher und damit ertragreicher sein, als wenn jeder Einzelne für alle denkbaren Risiken selbst

Vorsorge betreiben müsste. Aus diesem Mehr-Ertrag der Versicherung können dann auch die Kosten für die Schadensfälle bestritten werden. Das Resultat: Ein System mit ausgebauter sozialer Sicherung kann insgesamt produktiver sein als ein System ohne eine solche Sicherung. Voraussetzung ist, dass die einzelnen Regelungen klug geschnitten sind und keine systematischen Fehlanreize setzen.[4]

Den Grundgedanken dieser Überlegungen kann man mit einem Vergleich deutlich machen, der auf Joseph A. Schumpeter, den großen österreichischen Nationalökonomen, zurückgeht. Er vergleicht den Sozialstaat mit einer Bremse im Auto: Tritt man auf die Bremse, fährt das Auto langsamer und kommt vielleicht sogar zum Stehen; aber der Sinn eines guten Bremssystems besteht darin, im Normalbetrieb schneller fahren zu können als ohne Bremsen.

Anders formuliert: Wir sollten die Soziale Marktwirtschaft nicht als die korrigierte, gebändigte Marktwirtschaft, der man die Zähne gezogen hat, verstehen, sondern als die bessere, Markt und Wettbewerb erst in Schwung bringende Marktwirtschaft. Wer die Soziale Marktwirtschaft als gezähmte Marktwirtschaft auffasst, bestätigt die moralischen Vorbehalte der Kritiker gegen die Marktwirtschaft und verfestigt sie.

Was ist mit diesem neuen Verständnis des Sozialen erreicht?

- Die Rede von der Umverteilung wird obsolet, weil nicht länger ethisch begründete Opfer zugunsten der „Armen“ verlangt werden – Opfer, die im Wettbewerb niemand erbringen kann. Sozialpolitik wird im Tauschparadigma gedacht, und beim Tausch haben beide/alle Seiten Vorteile – auch die „Reichen“, die Nettozahler, die Nicht-Schadensfälle.

- Es kann nicht länger nur von den Kosten der Sozialpolitik die Rede sein, die als viel zu hoch beklagt werden, was einen Abbau zwingend zu fordern scheint; man muss vielmehr von der Rendite einer Investition reden und dabei auch – und bevorzugt – die Nicht-Schadensfälle in den Blick nehmen. Die Rendite wird zum Beurteilungsmaßstab für die einzelnen sozialpolitischen Maßnahmen, und die Rendite betrifft die Relation von Kosten und Erträgen – auch wenn diese nicht einfach zu quantifizieren ist.

[4] Vgl. dazu insgesamt: Homann, Karl, 2003, Anreize und Moral, hrsg. von C. Lütge, Münster, S. 287 ff.; hier auch Verweise auf Hans-Werner Sinn.

- Dieses Kriterium erlaubt es, auf rationale Weise Grenzen der sozialen Sicherung einzuziehen, wenn nämlich die Rendite besonders aufgrund von Fehlanreizen zu gering oder gar negativ wird, das heißt die Allgemeinheit hinter ihren Möglichkeiten zurückbleibt.

- Die Rede vom „Abbau des Sozialstaates", auf welche die Diskussion gegenwärtig fixiert ist, wird jetzt kategorial falsch, weil der Sozialstaat nicht länger als Konsum betrachtet wird, den man unter verschärften Wettbewerbsbedingungen einschränken muss, sondern als Investition, wobei die entscheidende Frage ist, welche Art von Investition die beste Rendite bringt. In der Rede vom „Umbau des Sozialstaats" ist solch eine Sicht impliziert, aber nur undeutlich, intuitiv und keineswegs klar und theoretisch belastbar zum Ausdruck gebracht.

- Schließlich muss jede sozialpolitische Maßnahme oder Reform systematisch auf ihre Anreizwirkungen untersucht werden, was im Paradigma der Sozialpolitik gegen den Markt aus ethischen Gründen nicht selten mit dem Hinweis, Fragen der Ethik etwa im Gesundheits- oder Bildungswesen seien zu wichtig, als dass ökonomische Anreizanalysen angestellt werden dürften, entrüstet zurückgewiesen wird. Die logische Folge für die Politik: Der Sozialstaat geht an zahllosen, vermeintlich ethisch begründeten Fehlanreizen zugrunde.

Freiheit in der Marktwirtschaft

Die Marktwirtschaft wird häufig mit dem Argument gerechtfertigt, in ihr herrsche Freiheit. Doch dieses Argument ist in dieser vereinfachten, gleichwohl weitverbreiteten Form problematisch, selbst wenn darin ein richtiges Moment enthalten ist.

Es widerspricht nämlich eklatant der Lebenserfahrung von Millionen Menschen in Deutschland, die auf den Arbeitsmärkten zum Beispiel keine Freiheit erfahren, sondern Druck und Zwang. Es könne sich, so die Kritiker, nur um eine „formale" Freiheit handeln, um die Freiheit der „Reichen", der „Starken", während die große Masse auf der Strecke bleibe. Machen wir die folgende Rechnung auf: Es gibt in Deutschland vier Millionen offizielle, acht Millionen reale Arbeitslose. Diese Zahl kann man verdoppeln, wenn man die hinzunimmt, die noch Arbeit haben, aber befürchten, arbeitslos zu werden: 16 Millionen. Rechnet man zu diesen nur je ein Familienmitglied hinzu, das von der (drohenden) Arbeitslosigkeit mitbetroffen ist, sind wir bei 32 Millionen Erwachsenen, die auf den Arbeitsmärkten Druck und Zwang erfahren und keine Freiheit. Wenn denen dann gesagt wird, die Marktwirtschaft gewähre jedem Einzelnen Freiheit, muss das in den Ohren dieser Menschen wie Hohn und Zynismus klingen. Diese Verteidigung der Marktwirtschaft ist zutiefst unglaubwürdig und mitverantwortlich dafür, dass in Umfragen mehr als die Hälfte der Bundesbürger die Marktwirtschaft ablehnen.

Wenn wir das Verhältnis von Freiheit und Marktwirtschaft richtig verstehen wollen, müssen wir differenzieren. Zweifellos wollen die Menschen grundlegende Freiheiten – politische und wirtschaftliche, darunter freie Wahl des Konsums, des Arbeitsplatzes, des Arztes. Die Marktwirtschaft setzt diese Freiheiten voraus und stärkt sie. Aber viele Menschen wollen bestimmte Freiheiten nicht, nämlich dann, wenn sie von den Kosten dieser Freiheiten in Form der Folgen der Entscheidungen, ihrer eigenen und der anderer, betroffen sind. Dann flüchten sie lieber in ein kollektives Sicherungssystem, das diese Kosten der Allgemeinheit aufbürdet, zum Beispiel in der gesetzlichen Kranken- und Rentenversicherung oder im tertiären Bildungsbereich. Aber nichts ist in einer Welt der Knappheit kostenlos, auch die Freiheit nicht.

Auf den Markt angewendet bedeutet das: Wir haben auf Märkten immer Druck, nämlich Konkurrenzdruck, und Freiheit. Genauer: Durch den Konkurrenzdruck auf der einen Marktseite erzeugen wir auf der Marktgegenseite die Freiheit der Auswahl. Es ist also durchaus richtig, dass Marktwirtschaft den Akteuren Freiheit gewährt, aber diese *Freiheit wird durch Konkurrenzdruck auf der Marktgegenseite hervorgebracht.* Wer diesen systematischen Zusammenhang unterschlägt und stattdessen simpel und einseitig von der Marktwirtschaft als dem System der Freiheit redet, wird angesichts der Lebenserfahrung von Millionen von Menschen unglaubwürdig und bestätigt die Kritiker nur darin, dass auf Märkten nur die Starken, Leistungsfähigen wirklich frei sind.

Das Argument wird oft durch den Gedanken erweitert, Freiheit fordere und fördere die Eigenverantwortung der Menschen. Zwar wollen die Menschen selbst entscheiden, ob sie nach Spanien oder Griechenland in Urlaub fahren. Aber wenn es um Fragen der medizinischen Versorgung, der Kranken- oder Rentenversicherung geht, dann suchen die allermeisten Bürger und ihre Interessenvertretungen den Schutz staatlicher Regelungen, selbst wenn diese in vielerlei Hinsicht ineffizient sind. Der überwiegende Teil der Bevölkerung will in diesen Fragen keine Eigenverantwortung und empfindet daher Privatisierungsvorschläge von Unternehmen der sogenannten „Daseinsvorsorge“ als Bedrohung der Solidarität, weil dann Egoismus und Gewinnstreben Einzug in die Politik dieser Unternehmen halten würden. Doch auch hier gilt: Wer den Konkurrenzdruck zu vermeiden versucht, untergräbt die Freiheit auf Märkten und nimmt schwerwiegende Ineffizienzen in Kauf.

Wirtschaftliche und politische Freiheit

Ein anderes Argument zur Verteidigung der Marktwirtschaft beruft sich auf die Parallelität von politischer Freiheit in der Demokratie und wirtschaftlicher Freiheit in der Marktwirtschaft: Beide bedingten einander, die eine setze die andere voraus und umgekehrt.

Auch auf diesem Argument lastet eine schwere Hypothek. Wenn die politische Freiheit in der Demokratie zum Maßstab der wirtschaftlichen Freiheit auf Märkten gemacht wird, akzeptiert man implizit das Postulat der Gleichheit aller. Denn die Stimmen aller Bürger haben, verfassungsrechtlich garantiert, gleiches Gewicht, und wer die Parallelität mit der wirtschaftlichen Freiheit auf Märkten behauptet, muss die (relative) Gleichheit an Kaufkraft und Macht als Forderung akzeptieren, was mit der Marktwirtschaft nicht verträglich ist. Auch dieses Argument ist also kontraproduktiv.

Moral in Märkten

Ein weiteres Argument zur Verteidigung der Marktwirtschaft hebt darauf ab, dass Märkte keineswegs so moralfrei und unmoralisch seien, wie die Theorie unterstelle, sondern dass es auf Märkten vielmehr durchaus moralisches Verhalten gebe, also insbesondere Fairness, Integrität, den „ehrbaren Kaufmann“, Vertrauen und sogenannte Sekundärtugenden wie Fleiß, Dienst am Kunden und dergleichen mehr. Daher sei es um die sittliche Qualität der Marktwirtschaft nicht so schlecht bestellt, wie die Kritiker des moralfreien oder unmoralischen Marktes behaupteten.

Es ist sicher richtig, dass es in Marktprozessen Moral in diesem Sinne gibt, unter anderem weil das Vorhandensein von Moral Transaktionskosten einzusparen vermag, ja, es ist sogar davon auszugehen, dass Märkte eine gewisse Moral und bestimmte Tugenden hervorbringen und prämieren.

Doch auch dieses Argument ist kontraproduktiv. Wer aus Tugenden im Markt schließt, dass es um die Moral in der Marktwirtschaft so schlecht nicht bestellt sein könne, akzeptiert zunächst einmal implizit, dass der harte Wettbewerb auf Märkten schlimm genug ist und lediglich in Nischen Moral zulasse. Das weitergehende Argument, der Markt lasse sogar gewisse Tugenden entstehen, vermag zwar die Ernst-Wolfgang Böckenförde zugeschriebene, aber schon bei Wilhelm Röpke zu findende These, der Markt verbrauche ständig Moral, die er nicht selbst erzeugen und daher von anderswoher beziehen müsse (Familie, Religion, Staat), zu relativieren. Aber zur ethischen Rechtfertigung der Marktwirtschaft reichen diese Argumente nicht, was sich schon daran zeigt, dass es auch in Kartellen und in der Mafia Fairness, Vertrauen und Verlässlichkeit gibt. Eine ethisch tragfähige und theoretisch belastbare Rechtfertigung der Marktwirtschaft muss auf die Gedanken der Freiheit und der Solidarität *aller* Menschen zurückgehen: Nur durch Vorteile aller Menschen können Markt und Wettbewerb ethisch gerechtfertigt werden, nicht jedoch durch „moralisch" genannte Tupfer im Verhalten einzelner Akteure. Diese Bezugnahme auf die Vorteile aller als Fundament der ethischen Beurteilung der Marktwirtschaft schließt dann auch Kartelle und die Mafia aus dem Kreis sittlicher Unternehmungen aus.

Ich fasse zusammen: Diese – und vielleicht manche anderen – Rechtfertigungen der Marktwirtschaft sind theoretisch nicht belastbar. Sie sind kontraproduktiv in dem Sinne, dass sie die Argumente der Kritiker der Marktwirtschaft durch ihre Argumentationsmuster eher bestärken als entkräften. Man kann gar nicht vorsichtig genug sein bei der Entwicklung einer tragfähigen ethischen Konzeption von Marktwirtschaft.

Dabei stiftet die Soziale Marktwirtschaft eher Verwirrung, insofern ihre Entstehungsgeschichte die Vorstellung nahelegt und verfestigt, Markt und Wettbewerb seien unsittlich und führten notwendigerweise in soziales Elend, das eine ethische Korrektur benötige. Das ist historisch verständlich, aber die Schlussfolgerung aus ethischen Defiziten empirischer Marktwirtschaften kann nicht lauten: Bändigung des Marktes, des Wettbewerbs, des Vorteilsstrebens. Die Schlussfolgerung muss vielmehr lauten: Verbesserung, Entfesselung der Märkte durch Entwicklung und Implementierung einer Rahmenordnung, welche die Dynamik des Vorteilsstrebens so kanalisiert, dass alle Menschen in diesen produktiven Prozess einbezogen werden können. Nur so kann eine Welt der Freiheit, des Friedens, der Gerechtigkeit und der Solidarität aller auf hohem Wohlstandsniveau entstehen.

2 Ethik der Unternehmen in der Marktwirtschaft

Es gibt in der Marktwirtschaft eine ganze Reihe von Akteuren: Konsumenten, Arbeitnehmer, Steuerzahler, Verkehrsteilnehmer, Wähler, Politiker und andere: Für all diese kann man spezielle Bereichsethiken entwickeln. Darüber hinaus handeln in der Marktwirtschaft auch Gruppen und Organisationen: Verbände, Non-Governmental-Organisations (NGOs), Medien, Parteien, Kirchen, staatliche und halbstaatliche Organisationen sowie berufsständische Organisationen. Auch für diese kann man spezielle Ethiken entwickeln. Das wäre sinnvoll und notwendig, doch soll dieser Weg hier nicht weiter verfolgt werden.

Stattdessen sollen jene für Marktwirtschaften konstitutiven Akteure fokussiert werden, die in der aktuellen Auseinandersetzung um die Ethik in der Marktwirtschaft besonders in der Kritik stehen: die *Unternehmen*. Die öffentliche und auch die wissenschaftliche Diskussion zeigen, dass die moralische Qualität unternehmerischen Handelns nach wie vor höchst umstritten ist.

Theorie also tut not. Analog zu der Vorgehensweise in Kapitel 1 sollen auch in Kapitel 2 zunächst die diffusen moralischen Vorbehalte gegen unternehmerisches Handeln in gedanklich geordneter Weise vorgestellt werden. Dann wird – unter Bezugnahme auf diese Vorbehalte – die sittliche Qualität unternehmerischen Handelns in der Marktwirtschaft herausgearbeitet. Beschlossen wird das Kapitel mit einer Darstellung und Kritik von Argumenten, welche die sittliche Qualität unternehmerischer Entscheidungen rechtfertigen sollen, aber die Vorbehalte der Kritiker eher bestärken als entkräften.

2.1 Die Kritik an den Unternehmen

Die Kritik an den Unternehmen in der Marktwirtschaft, insbesondere unter den Bedingungen der Globalisierung, ist ebenso diffus wie die Kritik an der Marktwirtschaft als System. Auch hier soll versucht werden, diese Kritik gedanklich zu ordnen. Es lassen sich fünf wichtige Kritikpunkte identifizieren.

Shareholder-Value-Denken

Der wichtigste Kritikpunkt betrifft die – mehr oder weniger ausschließliche – Orientierung der Unternehmen am Shareholder Value, an der Steigerung des Vermögenswertes der Unternehmen, in traditionellerem Vokabular: an deren Gewinnmaximierungsstrategie. Den Unternehmen sei praktisch jedes Mittel recht, den Unternehmenswert oder die Gewinne zu steigern. Als besonders unmoralisch gelten mit Entlassungen verbundene Standortverlagerungen in kostengünstigere Länder und Gewinn- oder Kurssteigerungen infolge von Massenentlassungen, aber auch Renditeerwartungen von 20 Prozent und mehr. Als unmoralisch gelten ferner bestimmte Produkte wie Waffen, Zigaretten, sowie das mangelnde Lehrstellenangebot und die Belastung der Umwelt.

Anders formuliert geht die Kritik dahin, dass es in der Unternehmenspolitik einzig um die Interessen der Shareholder gehe, während die Interessen der Stakeholder – besonders der Arbeitnehmer, aber auch der lokalen Umwelt und der Allgemeinheit – auf der Strecke blieben. Unternehmen werden als „Heuschrecken“ bezeichnet, und die Marktwirtschaft verkomme zum „Raubtier-, Turbo- oder Casino-Kapitalismus“. „Neoliberalismus“ ist zum Schimpfwort geworden.

Umgang mit den Mitarbeitern

Die Shareholder-Value-Doktrin und der mit der Globalisierung einhergehende Zwang zur Kostenminimierung wirken sich nach Auffassung der Kritiker auf das Betriebsklima negativ aus. Repression und Druck auf die Einzelnen würden steigen, verstärkt durch die Angst vor Entlassung. Die Krankenstände würden auf ein historisch niedriges Niveau sinken, der Führungsstil werde autoritärer und Partizipation und Mitbestimmung würden erschwert. In vielen Unternehmen zerbreche die überkommene partnerschaftliche Unternehmenskultur.

Verhalten im Ausland

Neben der Kritik an der Verlagerung von Produktionsstätten und Dienstleistungsproduktionen ins Ausland gibt es zum Teil massive Kritik am Verhalten der Unternehmen in ihren ausländischen Niederlassungen: Unternehmen würden ihre Standorte bevorzugt in Länder verlagern, in denen niedrigere moralische, soziale und ökologische Standards gelten würden. Die moralische Empörung betrifft insbesondere Frauendiskriminierung, Kinderarbeit, Kooperation mit Ländern, in denen Menschenrechte verletzt werden und diktatorische Regime herrschen, sowie das Mitmachen in einem Umfeld von Korruption auf allen Ebenen.

Beklagt wird ferner, dass multinationale Unternehmen bei ihren Standortentscheidungen im Bemühen um Steuervergünstigungen ganze Regierungen, auch demokratische, gegeneinander ausspielen und dass sich diese Unternehmen durch willkürlich festgelegte interne Verrechnungspreise dem inländischen Fiskus in beträchtlichem Ausmaß oder ganz entziehen können, obwohl sie die von den Heimatländern bereitgestellten öffentlichen Güter wie zum Beispiel Infrastruktur und Bildung ungeniert in Anspruch nehmen.

Politischer Einfluss der Unternehmen

Multinationale Konzerne seien aufgrund ihrer Finanzkraft zugleich mächtige politische Spieler, sodass die Regierungen von ihnen abhängig würden. Aber auch in den entwickelten Industrienationen wie zum Beispiel den OECD-Ländern hänge das Schicksal demokratisch gewählter Regierungen von der wirtschaftlichen Lage und damit von den Investitionsentscheidungen der (großen) Unternehmen ab. Verstärkt werde deren politischer Einfluss durch die Lobbyisten, die in großer Zahl auch demokratisch gewählte Regierungen im Interesse der Unternehmen zu beeinflussen versuchten. Die moralisch-politische Kritik richtet sich darauf, dass die Unternehmen – im Gegensatz zu den demokratisch gewählten Regierungen – über keine „demokratische Legitimation" verfügten. Hier werde das demokratische Politikverständnis auf den Kopf gestellt: Die Wirtschaft beherrsche die Politik – ohne Legitimation –, statt dass die – demokratisch legitimierte – Politik der Wirtschaft Grenzen setze.

Verhalten der Manager

In der Öffentlichkeit macht sich die Kritik bevorzugt – außer an Entlassungen – am Verhalten von Managern, an ihrer „Habgier" (greed) fest. Selbst manche Topmanager im Ruhestand halten die exorbitanten Gehaltserhöhungen ihrer aktiven Kollegen von heute für moralisch verwerflich und der Öffentlichkeit nicht vermittelbar – und das trotz der bekannten Einkommen von Spitzensportlern und Showstars, über die sich die Menschen kaum aufregen. Bestätigung erfährt diese Kritik durch die aufgedeckten Fälle von Betrug, Korruption und Bilanzfälschungen in den Top-Etagen. Auch im Lebensstil werden manche Topmanager – nach Auffassung der Öffentlichkeit und ihrer eigenen Kollegen – ihrer Vorbildrolle nicht immer gerecht. Unter dem Stichwort „Kommunikationsfehler" werden – wiederum auch von wohlmeinenden Kollegen und daher umso glaubwürdiger – Fehler und Ungeschicklichkeiten im Umgang mit Mitarbeitern und Öffentlichkeit, besonders bei schmerzlichen Unternehmensentscheidungen, beklagt.

2.2 Das ethische Programm der Unternehmenstätigkeit in der Marktwirtschaft

Es geht im Folgenden darum, das ethische Programm, das mit der Existenz und dem Handeln von Unternehmen verfolgt wird, herauszuarbeiten. Dabei werden die Überlegungen aus Kapitel 1 zur Ethik des marktwirtschaftlichen Systems vorausgesetzt.

Die Ethik des unternehmerischen Handelns

Unternehmen sind keine Naturtatsache. Auch resultieren sie nicht aus einem vorgesellschaftlichen Recht jedes Einzelnen, ein Unternehmen zu gründen und zu betreiben. Wenn es um die moralische Rechtfertigung geht, muss man auf die Gesellschaft – auf alle einzelnen Mitglieder der Gesellschaft – als Legitimationsbasis zurückgehen. Die Mitglieder räumen sich wechselseitig das Recht ein, Unternehmen zu betreiben. Dafür kann es nur einen Grund geben: Dass die Gesellschaft vom Vorhandensein von Unternehmen, also von der Institution Unternehmung, einen größeren Nutzen erwartet, als wenn es keine Unternehmen geben würde. Die Institution des auf privaten Verfügungsrechten basierenden Unternehmens in der Marktwirtschaft ist normativ als gesellschaftliche Einrichtung zum Nutzen nicht der privat Verfügungsberechtigten, sondern zum Nutzen der Allgemeinheit zu betrachten. Zugespitzt: Die ethische Rechtfertigung von Unternehmen liegt programmatisch nicht im Nutzen der Unternehmer, sondern im Nutzen der Nicht-Unternehmer. Die Unternehmer/Unternehmen üben ihre Tätigkeit zwar motivational im eigenen Interesse, normativ aber im Interesse der Allgemeinheit aus. Franz Böhm, einer der Väter unserer Sozialen Marktwirtschaft, war sich dieses Zusammenhangs genau bewusst, als er die Tätigkeit der Unternehmen – im Gegensatz zu den natürlichen Freiheitsrechten jedes Einzelnen – auf eine „gesellschaftliche Auftragszuständigkeit, die der Rechtfertigung durch den sozialen Nutzen bedarf“[5], zurückgeführt wissen wollte.

Dabei fällt der Nutzen für die Gesellschaft, wie in Kapitel 1 dargestellt, nicht in Form milder Gaben oder modernen Sponsorings an, sondern in Form von guten, preiswerten, innovativen Gütern und Dienstleistungen, die über den ganz normalen Austauschprozess auf Märkten an die Bürger gelangen. Das erfolgt zweckmäßigerweise unter Ausnutzung der produktiven tiefen Arbeitsteilung, also in spezialisierter und selektiver Form.

[5] Böhm, Franz, 1980, Freiheit und Ordnung in der Marktwirtschaft, hrsg. von E.-J. Mestmäcker, Baden-Baden, S. 203.

Zum Aufgabenbereich der Unternehmen gehört auch, neue Bedürfnisse, welche die Bürger vielleicht latent oder noch gar nicht haben, zu erkennen und dafür neue Produkte und Dienstleistungen anzubieten. Unternehmen bieten den Bürgern, den Konsumenten, neue Möglichkeiten, neue Problemlösungen an. Die Konsumenten entscheiden am Markt über deren Annahme oder Ablehnung: Das ist mit dem Begriff „Konsumentensouveränität“ gemeint.

Als Motor dieses Prozesses dient das nach Gewinnen strebende Unternehmen. Wie aus Kapitel 1 bekannt, wird dieses Gewinnstreben Beschränkungen unterworfen. Diese haben das Ziel, das Gewinnstreben der Unternehmen so zu kanalisieren, dass Nutzen für die Allgemeinheit entsteht. Diese Beschränkungen werden durch die Rahmenordnung und durch den Wettbewerb gebildet.

Besonders der Wettbewerb hat aber noch eine zweite, wichtigere Funktion: Er soll das Gewinnstreben innerhalb dieses Rahmens geradezu entfesseln. Niemand soll sich auf dem Erreichten ausruhen können, vielmehr soll der Status quo durch Wettbewerber immer bestreitbar – contestable – bleiben. Dieses für die Unternehmen stressige System führt über das permanente Ausprobieren immer wieder neuer Problemlösungen zu den auf lange Sicht außerordentlichen Wohlstandssteigerungen, welche die Gesellschaft unter der Ägide des Kapitalismus erzielt hat und auf die niemand verzichten möchte. Das Bessere ist der Feind des Guten, lautet die Devise, oder mit den bereits zitierten Worten von Joseph A. Schumpeter gesagt: Kapitalismus ist ein „Prozess der schöpferischen Zerstörung“.

Es gibt in diesem System nur einen wirksamen Schutz der Unternehmen vor der Eliminierung durch die Konkurrenz: das unablässige intensive Bemühen um Verbesserung der eigenen Performance. Permanenter Strukturwandel ist dem System daher inhärent, er ist der Preis für breiten Massenwohlstand. Eine Gesellschaft, die als ganze oder bei mächtigen Teilgruppen diesen Preis zu zahlen nicht bereit ist, muss mit gravierenden Wohlstandsverlusten rechnen: Dies ist unsere Situation in Deutschland im Jahr 2007.

Außer der Rahmenordnung im Allgemeinen und dem Wettbewerb im Besonderen spielt das Gewinnstreben der Unternehmen die entscheidende Rolle. Systematisch ist es zu betrachten als Instrument zur Erhöhung des Nutzens nicht der Eigentümer, der Shareholder, sondern der Allgemeinheit in ihrer Rolle als Konsumenten. Gemeinhin wird das Gewinnstreben als Handlungsmotiv interpretiert. Dann wird untersucht, ob dies wirklich das einzige Motiv ist oder ob es daneben nicht auch andere – bessere, höhere Motive wie Altruismus zum Beispiel – gibt. Doch hier ist zu differenzieren.

Das Problem wird sofort deutlich, wenn man die Frage stellt, ob ein Unternehmen als Organisation überhaupt ein Motiv haben kann. Offenbar kann die Kategorie „Motiv" nur natürlichen Personen, etwa dem Unternehmer, dem Manager zugesprochen werden, nicht aber dem Unternehmen. Die Hilfsvorstellung, ein Unternehmen bestehe ja aus natürlichen Personen, lässt sich nicht halten: Eine Organisation besteht aus Positionen, aus Stellen. Sie bricht nicht zusammen, wenn ein Stelleninhaber ausscheidet, vielmehr wird seine Stelle neu besetzt. Wie sinnvoll ist es also, vom Gewinnstreben als Motiv des Unternehmens zu reden?

Wenn dem Unternehmen Gewinnstreben – oder Gewinnmaximierung – als Strategie unterstellt wird, muss man sich dessen bewusst sein, dass es sich nicht um ein Motiv in dem Sinne handelt, wie natürliche Personen Motive haben. Vielmehr ist Gewinnstreben eine Art Maxime für Entscheidungen von Unternehmen, die auf einem *Funktionsimperativ der Marktwirtschaft mit Wettbewerb* beruht und die mit empirischen Handlungsmotiven natürlicher Personen nichts zu tun hat. Unter Bedingungen von Markt und Wettbewerb *müssen* Unternehmen, auch wenn deren Eigentümer oder Manager das persönlich gar nicht wünschen, nach – freilich nachhaltig maximalen – Gewinnen streben, weil sie sonst aus dem Markt ausscheiden müssten.

Unternehmen stehen funktional im Dienst der Allgemeinheit – nicht motivational oder intentional (vgl. die Ausführungen in Kapitel 1). Diese Aufgabe erfüllen sie primär allein durch ihre Unternehmenstätigkeit. Darin liegt ihre ethische Rechtfertigung begründet. Unternehmenstätigkeit in der Marktwirtschaft ist also normativ eine Veranstaltung zum Wohl der Konsumenten, und das wird strukturell durch die Institutionen der Marktwirtschaft garantiert. Unternehmenstätigkeit ist jedoch keine Veranstaltung zum Wohl der Produzenten. Die Produzenten, also Unternehmen wie Arbeitnehmer, haben nach der Pfeife der Konsumenten zu tanzen. Wenn die Produzenten in den Augen der Konsumenten nicht mehr mithalten können – weil es bessere, billigere, innovativere Güter und Dienstleistungen gibt –, haben sie sich zu bewegen, besser zu werden, andere Tätigkeitsfelder zu erschließen und dergleichen mehr. Es gibt in der Marktwirtschaft keinen Bestandsschutz – weder für Unternehmen noch für Arbeitnehmer. Es ist genau dieses Arrangement, das dem

Wohl der Allgemeinheit am besten dient. Ein Bestandsschutz für Produzenten führt zu gravierenden Wohlstandseinbußen der Allgemeinheit.

Zu diesen grundsätzlichen Ausführungen sind zwei Ergänzungen angebracht:

- Auch in Gesellschaften, die über einen angemessenen Ordnungsrahmen verfügen, kann es unternehmerische Fehlentscheidungen und unternehmerisches Versagen geben. Dies stellt aber insofern kein dauerhaftes Problem dar, als es im Wettbewerb schnell sanktioniert und korrigiert wird. Marktwirtschaften zeichnen sich dadurch aus, dass sie über einen eingebauten leistungsfähigen Fehlerkorrekturmechanismus verfügen. Auch Unternehmensführung ist eine knappe Ressource. Der Wettbewerb sorgt dafür, dass knappe Ressourcen tendenziell der besten Verwendung zugeführt werden.

- In sehr unübersichtliche und dornige Probleme gerät man, wenn man die Voraussetzung einer funktionierenden Rahmenordnung, die in der vorstehenden Argumentation durchweg gemacht wurde, fallen lässt: Das ist die angemessene Problemstrukturierung unter den Bedingungen der Globalisierung. Hier gibt es keine elaborierte Rahmenordnung, die das Verhalten der Unternehmen zur allgemeinen Wohlstandssteigerung führt. Hier sind die Unternehmen ganz anders gefordert als im nationalstaatlichen Kontext mit elaborierter Rahmenordnung. Da eine Weltrahmenordnung auf absehbare Zeit nur in Bruchstücken vorhanden sein wird – UN-Charta, World Trade Organization (WTO), International Labour Organization (ILO), International Chamber of Commerce (ICC) und dergleichen mehr –, müssen sich Unternehmen zusammen mit dem politischen System und den NGOs an der Erarbeitung einer solchen Ordnung beteiligen: Sie übernehmen dann außer der Handlungsverantwortung auch eine Ordnungsverantwortung. In Kapitel 3 wird darauf zurückzukommen sein.

Die vorstehenden Überlegungen zur ethischen Begründung der Unternehmenstätigkeit sollen zusammengefasst und einige Implikationen offengelegt werden.

1. Die ethische Beurteilung des Handelns von Unternehmen muss auf den *Sinn* dieses Handelns abstellen. Der erschließt sich nur aus dem Kontext, in den das Handeln eingebettet ist. Gewinnmaximierung und Shareholder-Value-Doktrin in der Markwirtschaft sind so wenig moralisch verwerflicher Egoismus wie eine Blinddarmoperation als Körperverletzung betrachtet werden kann.

2. Der Zweck von Unternehmen ist das Wohl der Allgemeinheit – nicht intentional, sondern strukturell, gewährleistet durch die Rahmenordnung mit Wettbewerb.

3. Das Gewinnstreben der Unternehmen ist kein personales Handlungsmotiv, sondern eine aus dem System Marktwirtschaft folgende Maxime für das unternehmerische Handeln beziehungsweise Entscheiden.

4. Da es in der Marktwirtschaft normativ um das Wohl der Konsumenten geht, kann es für die Produzenten keinen Bestandsschutz geben.

5. Wo es keine anspruchsvolle Rahmenordnung gibt, müssen Unternehmen – im eigenen Interesse – Ordnungsverantwortung übernehmen.

Metakritik
In Kapitel 2 soll jetzt, wie schon in Kapitel 1, eine weitere Profilierung des ethischen Programms unternehmerischen Handelns durch Auseinandersetzung mit der Kritik an den Unternehmen erfolgen, die in Abschnitt 2.1 zusammengefasst dargestellt wurde.

1. Die Kritik, unternehmerisches Handeln berücksichtige nur die Interessen der Shareholder, ist deswegen falsch, weil der Zusammenhang, in dem das Gewinnstreben steht, ausgeblendet und nur auf die Zielsetzung des Unternehmens abgehoben wird. Diese Fixierung auf die strukturell geforderte Entscheidungsmaxime des Unternehmens blendet aus, dass die ganze Konstruktion im Dienst des Wohls der Nicht-Shareholder, der Allgemeinheit steht. Allerdings wird deren Wohl nicht intentional von der Unternehmensleitung verfolgt, es wird vielmehr als nicht intendiertes Nebenprodukt des Gewinnstrebens durch eine geeignete Rahmenordnung und durch den Wettbewerb hervorgebracht: Wie in Kapitel 1 bereits ausgeführt, ist in der Marktwirtschaft nur das Unternehmen erfolgreich im Sinne der Shareholder-Value-Doktrin, das den Menschen etwas zu bieten hat, was diese wünschen und wofür sie Zahlungsbereitschaft zeigen. Anders formuliert: Richtig ist, dass unternehmerisches Handeln nicht intentional auf das Wohl der Menschen ausgerichtet ist. Das bedeutet aber nicht, dass nur die Interessen der Shareholder Berücksichtigung finden würden. Strukturell ist das unternehmerische Handeln auf die Interessen der Konsumenten – der Allgemeinheit – ausgerichtet.

2. Dieselbe Argumentation gilt in Bezug auf die Forderung, nicht nur die Interessen der Shareholder, sondern auch die der Stakeholder zu berücksichtigen: Die Tätigkeit der Unternehmen ist unter marktwirtschaftlichen Bedingungen strukturell auf die Berücksichtigung der Interessen der Allgemeinheit, also auch der Stakeholder zugeschnitten. Deren Interessen sind über die Rahmenordnung bereits berücksichtigt.

   Die Forderung, die Interessen der Stakeholder zu wahren, kann allerdings auch bedeuten, deren Interessen über ihre Berücksichtigung durch die Rahmenordnung hinaus zusätzlich ein zweites Mal zu bedienen. Wenn diese Deutung gemeint ist, muss dafür auch eine zusätzliche Begründung gegeben werden. Eine solche kann es durchaus geben: Man könnte argumentieren, dass ein Unternehmen auf die Akzeptanz seiner Mitarbeiter und seiner unmittelbaren Umwelt angewiesen ist und diese Stakeholder dann aus der diffusen Allgemeinheit, auf deren Wohl die Rahmenordnung programmiert ist, besonders herausgehoben zu werden verdienen. Dieses Argument ist stichhaltig, muss aber von dem anderen systematisch streng unterschieden werden: Die Berücksichtigung der Interessen der Allgemeinheit durch die Rahmenordnung ist normativ begründet, während die gesonderte Berücksichtigung der Interessen der Stakeholder ökonomisch begründet ist. Sie dient den Interessen der Shareholder (und allenfalls über diese Brücke sehr indirekt den Interessen der Allgemeinheit). Anders gesagt: Es gibt keine *normative* Begründung für die Berücksichtigung der Interessen der Stakeholder, weil diese nur eine Teilgruppe der Allgemeinheit ausmachen, wohl aber eine *ökonomische*.

3. Viele Kritiker haben moralische Bedenken gegen die Maxime, welche die *Maximierung* des Gewinns fordert. Bis hin zum früheren Bundeskanzler Helmut Schmidt wird den Unternehmen empfohlen, sich mit einem „angemessenen“ Gewinn zufrieden zu geben.

   Ganz abgesehen von der Frage, wer bestimmt, was ein „angemessener“ Gewinn sein soll, geht diese wohlgemeinte moralische Empfehlung an der Logik der Marktwirtschaft völlig vorbei. Da Unternehmen nie wissen, was die Konkurrenz macht, bleibt ihnen nur die Strategie der, allerdings nachhaltigen, Gewinn*maximierung*: Genau darauf beruht der „Wohlstand der Nationen“, um Adam Smith zu zitieren. Unternehmen, die Gewinnpotenziale unausgeschöpft lassen, sind Kandidaten für feindliche Übernahmen oder für die Auswechslung des Managements und müssen darüber hinaus mit dem Entzug von Kapital und einer Gefährdung ihrer Existenz rechnen.

Allerdings entsprechen *Intuition* und *Intention*, die hinter dieser Empfehlung angemessener Gewinne stehen, nämlich die Produzentenrenten zu drücken und die Konsumentenrenten zu erhöhen, voll und ganz der ethischen Zielsetzung der Marktwirtschaft. Doch unter den Bedingungen moderner Gesellschaften sind Intuitionen und Intentionen schlechte Ratgeber für konkrete Handlungsempfehlungen. An die Unternehmen adressierte Appelle zum Maßhalten und zu größerer Bescheidenheit fallen in das Paradigma des „gerechten Preises" zurück. In der Marktwirtschaft werden die Produzentenrenten gesenkt und die Konsumentenrenten erhöht nicht durch willkürliche, moralisch begründete Festsetzungen selbst ernannter Moralprediger, sondern durch den Wettbewerb. In diesem Zusammenhang erfüllen gerade die, jetzt umgangssprachlich ausgedrückt, „überhöhten" Gewinne eine entscheidende Lenkungsfunktion: Hohe Gewinne fallen in Sektoren starker Knappheit an und bilden Anreize, in diese Sektoren zu investieren. Auf diese Weise wird das Angebot vergrößert, der Wettbewerb verschärft, die „überhöhten" Gewinne werden abgeschmolzen und die Konsumentenrenten steigen. Dieser Prozess mag mehr Zeit benötigen als moralische – und/oder administrativ verordnete – Mäßigung. Aber nur der Weg über den Wettbewerb ist nachhaltig, weil er die Ursache „überhöhter" Gewinne, nämlich die Knappheit, beseitigt.

4. Da Strukturwandel inhärenter Bestandteil der Marktwirtschaft ist, müssen Firmenzusammenbrüche, Entlassungen und Standortverlagerungen an kostengünstigere Produktionsstätten als Bedingung des breiten Massenwohlstands verstanden werden. Wollte man den permanenten Strukturwandel verlangsamen oder unterbinden, wären gravierende Wohlstandseinbußen die unvermeidliche Folge. Letztlich kommt auch diese Strategie von Unternehmen den Konsumenten zugute. Es kann keinen Bestandsschutz geben.

Faktisch hat es natürlich in verschiedenen Branchen und einzelnen Unternehmen solchen Bestandsschutz gegeben und gibt es ihn immer noch – in Form von Protektionismus, Dauersubventionen und nicht marktgerechten Löhnen. Bezahlt haben und bezahlen müssen dies (1) die Konsumenten, (2) die Produzenten in anderen Ländern, denen der Marktzutritt verwehrt wird, (3) der Steuerzahler und (4) bei internationalen Unternehmen die Shareholder und die Arbeitnehmer der ausländischen Betriebsstätten, welche die inländischen Shareholder und Arbeitnehmer durch Quersubventionen unterstützen: Mit „sozialer Gerechtigkeit", die hier oft beschworen wird, hat das nichts zu tun.

Der Strukturwandel sollte also forciert und nicht gebremst werden. Diese Prozesse werden durch eine klug geschnittene soziale Sicherung befördert: Grundsätzlich ist daher eine Soziale Marktwirtschaft nicht als gemilderte, gezähmte Variante der Marktwirtschaft, sondern als forcierte, als bessere Marktwirtschaft zu verstehen – auch wenn sie in Deutschland kontingenterweise in vielen Bereichen zu einer Bremse für Markt und Wettbewerb verkommen ist.

In dieser Metakritik konnten nur einige wichtige Punkte der Kritik an der Tätigkeit der Unternehmen in der Marktwirtschaft zurückgewiesen werden. Andere Kritikpunkte bleiben bestehen. Sie haben durchaus ihre Berechtigung und werden in Kapitel 3 behandelt.

Dabei ist zu beachten, dass in den Ausführungen dieses Abschnitts – unausgesprochen – vor dem Hintergrund einer elaborierten Rahmenordnung argumentiert wurde, die Interaktionen auf dem Niveau der Wirtschaftsordnung entwickelter Industrienationen mit funktionierenden demokratischen Institutionen steuert. Dies ist eine anspruchsvolle Voraussetzung, die keineswegs immer gegeben ist. Daher muss die Frage diskutiert werden, wie sich Unternehmen ethisch verhalten können, wenn die Rahmenordnung gravierende Defizite aufweist oder sogar ganz fehlt.

Es sind besonders zwei Gründe dafür maßgebend, dass die Realität dieser Voraussetzung nicht entspricht. Zum einen kann keine Rahmenordnung für sämtliche in der Realität auftretenden Probleme ex ante eine eindeutige Lösung vorsehen: Alle Regelsysteme sind unvollständig und bedürfen daher der Interpretation und Weiterentwicklung, ohne dass sie allerdings so dicht werden dürften, dass sämtliche Freiheitsgrade des Handelns untergraben werden wie in der sozialistischen Planwirtschaft. Zum anderen verliert der Nationalstaat, der bisher im Hintergrund der Argumentation stand, zunehmend an Steuerungskapazität – infolge der grenzüberschreitenden Interaktionen im Zuge der Globalisierung und der damit einhergehenden schieren Zunahme der Interaktionen. Die Erwartung vieler Kritiker unternehmerischen Handelns besteht für diese Situation darin, dass der Verlust an Steuerungskapazität des Nationalstaats durch Moral im Verhalten der Unternehmen kompensiert werde.

Die Frage ist, ob und unter welchen Bedingungen diese Erwartung realistisch ist. Denn das Kernproblem für moralisches Handeln in der Marktwirtschaft besteht fort, der Wettbewerb nämlich. Ja, unter den Bedingungen der Globalisierung nimmt er an Schärfe noch zu. Der Wettbewerb lässt moralische Vor- und Mehrleistungen, die zu Kostenerhöhungen führen, nur unter der Bedingung zu, dass diese Mehrkosten durch eine entsprechend höhere Rendite aus dem moralischen Verhalten überkompensiert werden. Dass größere Vorteile oder Vorteilserwartungen kein Argument gegen die Sittlichkeit des Verhaltens darstellen, wurde in Kapitel 1 dargelegt. Dort wurde ebenfalls darauf hingewiesen, dass sich moralisches Verhalten unbeschadet seiner moralischen Qualität gleichzeitig ökonomisch, nämlich als Investition verstehen und begründen lässt.

In all diesen Kontexten unvollständiger, defizitärer oder ganz fehlender Rahmenordnungen kann die Lösung der Probleme nicht in moralischen Appellen zu maßvoller Zurückhaltung an die Adresse der Unternehmen bestehen, sondern nur in der Etablierung einer Rahmenordnung mit Wettbewerb. Auf globaler Ebene ist dies die zentrale Aufgabe für die nächsten Jahrzehnte: Damit kommen neue Aufgaben auf die Unternehmen zu, auf die sie bislang nur unzureichend eingestellt sind. Diese neuen Aufgaben und Probleme werden in Kapitel 3 diskutiert.

2.3 Falsche Argumente zur Rechtfertigung unternehmerischen Handelns

Auch in der Diskussion um die moralische Qualität unternehmerischen Handelns werden verbreitet Argumente benutzt, die dieses Handeln rechtfertigen sollen, aber bei genauer Betrachtung ungewollt eher die Argumente der Kritiker bestätigen. In der Sprache des Sports: Auch hier produzieren die Verteidiger fortgesetzt Eigentore. Drei dieser Argumente sollen im Folgenden diskutiert werden.

Die Motivation der Manager

Die Kritik an der unternehmerischen Strategie der Gewinnmaximierung beziehungsweise an der Shareholder-Value-Doktrin wird von den Verteidigern der unternehmerischen Entscheidungslogik oft mit dem Argument zurückgewiesen, dass diese Verhaltensannahme, wie auch empirische Untersuchungen gezeigt hätten, falsch oder zumindest sehr einseitig sei. Unternehmer/Manager würden, empirisch bestätigt, auch aus ganz anderen, unter anderem auch aus moralischen Motiven handeln. Die experimentelle Wirtschaftsforschung zeige, dass Menschen allgemein sich nicht wie der berühmt-berüchtigte Homo oeconomicus verhielten. Dies gelte auch für Manager.

Dieses Argument ist falsch im Sinne von kontraproduktiv. Es ist nicht deswegen falsch, weil die empirischen Befunde nicht valide seien – sie sind es unter den Voraussetzungen der entsprechenden Experimente durchaus –, sondern weil dieser zutreffende empirische Befund die Frage nach der *ethischen Rechtfertigung* unternehmerischen Handelns nicht nur nicht beantworten kann, sondern sogar in die falsche Richtung lenkt.

Es geht bei der ethischen Rechtfertigung unternehmerischen Handelns *grundsätzlich nicht um die empirische Motivation der Entscheidungsträger*: Seit Adam Smith hängt die moralische Qualität von Handlungen in der Marktwirtschaft nicht von den unmittelbar handlungsleitenden Motiven ab, sondern von den Ergebnissen des Handelns. Das Eigeninteresse wird moralisch gerechtfertigt, weil es – in Verbindung mit Rahmenordnung und Wettbewerb – nicht-intentional den „Wohlstand der Nationen", also des Wohlergehen aller Einzelnen hervorbringt. Wer zur Rechtfertigung unternehmerischen Handelns glaubt, höhere Motive der Handelnden als das Gewinninteresse nachweisen zu müssen, fällt hinter den von Adam Smith initiierten Paradigmenwechsel in der Ethik zurück. Wer die moralische Qualität unternehmerischen Handelns in den psychologischen Motiven der Entscheidungsträger glaubt finden zu müssen, sucht an der falschen Adresse. Er hat die Prämissen der Kritiker bereits übernommen und kann dann nicht mehr überzeugen, weil – unabhängig von den Motiven der Entscheidungsträger – die Gewinnerzielungsmaxime für Unternehmen nicht zu bestreiten ist.

Hinzu kommt in Anlehnung an obige Ausführungen: Wenn man das Eigeninteresse als Handlungsmaxime nicht natürlichen Personen, sondern Unternehmen als Organisationen zuschreibt, muss man sofort sehen, dass es sich dabei nicht um ein psychologisches Motiv handelt, sondern um eine Verhaltensannahme, die vom marktwirtschaftlichen System herrührt: Daher war oben von einer strukturell – und nicht von einer psychologisch-empirisch – induzierten Handlungsmaxime die Rede. Eben weil diese Maxime strukturell bedingt ist, kann man sie auch mit empirischen psychologischen Befunden zur Motivationslage der *Manager* nicht infrage stellen. Unternehmen *müssen* im Wettbewerb Gewinne erzielen: Kein Verteidiger unternehmerischen Handelns kann das in Abrede stellen. Daher ist mit dem Hinweis auf andere psychologisch-empirische Motive die Auseinandersetzung mit den Kritikern, die für sich Solidarität und Altruismus als leitende Motivation in Anspruch nehmen, nicht zu gewinnen.

Corporate Social Responsibility

Verteidiger unternehmerischen Handelns verweisen oft auf die Aktivitäten der Unternehmen in dem breiten, heute modischen Feld von Corporate Social Responsibility (CSR), angefangen von karitativen Spenden über Kultursponsoring bis zur Unterstützung von Ausbildung, Wissenschaft und Forschung und zur Errichtung von Stiftungen.

Dass sich Unternehmen auf diesem Feld engagieren, ist zu begrüßen. Sogar die Ausweitung solcher Engagements ist zu wünschen. Dennoch ist dieser Hinweis, wenn er zur Rechtfertigung unternehmerischen Handelns benutzt wird, höchst problematisch, weil irreführend und in diesem Sinne kontraproduktiv und falsch. Auch setzt er sich der Gefahr aus, als moderner Ablasshandel diskreditiert zu werden.

Sieht man einmal davon ab, dass die Unterstützung der hoch bezahlten Spieler von Bundesligaclubs durch Unternehmen nur schlecht in dieses Bild passt, ist auf das folgende systematische Problem hinzuweisen. Wenn die moralische Rechtfertigung unternehmerischen Handelns mehr oder weniger vorrangig oder gar ausschließlich an der *Verwendung* der Gewinne festgemacht wird, räumt man damit implizit ein, dass die Gewinn*erzielung* als solche moralisch anrüchig, ethisch problematisch ist. Ähnlich verhält es sich mit dem Argument, man könne nur verteilen oder umverteilen, was zuvor erwirtschaftet wurde. Wer die moralische Qualität unternehmerischen Handelns auf die Gewinn*verwendung* stützt, hat aus dem Blick verloren, dass sie primär mit der Gewinn*erzielung* zusammenhängt.

Genauer: Gewinne erzielen in der Marktwirtschaft nur die Unternehmen, die ihren Mitmenschen etwas zu bieten haben, was diese wünschen: Dienst am Konsumenten ist die grundlegende ethische Aufgabe. In der Erfüllung dieser Aufgabe liegt die moralische Qualität unternehmerischen Handelns begründet. Das ist die Substanz. CSR-Aktivitäten sind Akzidenzien, Zutaten. Solche Zutaten sind zwar äußerst willkommen, doch ihre moralische Rechtfertigung erhalten diese Zutaten letztlich nur daraus, dass sie die *Bedingungen* für die Erfüllung der Hauptaufgabe verbessern.

Zusammengefasst: Die moralische Qualität unternehmerischen Handelns gründet weder auf einer Mäßigung bei der Gewinnerzielung noch auf den psychologisch-empirischen Handlungsmotiven der Manager oder auf der Gewinnerzielung als solcher oder auch auf der Gewinnverwendung. Sie gründet auf der *Erfüllung* der

Aufgabe der Unternehmen, angereizt durch Gewinnerwartungen die Menschen mit Gütern und Dienstleistungen zu versorgen, derer sie bedürfen.

Sicherung von Arbeitsplätzen

Viele Teilnehmer am öffentlichen Diskurs, aber auch einige angesehene Lehrer der Betriebswirtschaftslehre sehen die Hauptaufgabe der Unternehmen heute in der Sicherung beziehungsweise Schaffung von Arbeitsplätzen: Dies ist zum überragenden Ziel der Sozial- und Gesellschaftspolitik avanciert, was bei vier Millionen offiziellen und acht Millionen realen Arbeitslosen durchaus verständlich ist.

Vor diesem Hintergrund ist zur Verteidigung harter unternehmerischer Entscheidungen oft das Argument zu hören, die Verlagerung von Produktionsstätten ins Ausland sichere oder schaffe Arbeitsplätze im Inland. Allgemein akzeptiert ist ferner das gängige Argument, Entlassungen jetzt würden die verbleibenden Arbeitsplätze auf Dauer sichern. Selbst wirtschaftsfreundliche Medien sehen Unternehmen in Erklärungsnot, wenn sie trotz exorbitanter Gewinne mehrere tausend Arbeitsplätze abbauen wollen.

Nun lässt sich nicht leugnen, dass das größte soziale Übel in Deutschland seit Jahren die persistierende hohe Arbeitslosigkeit ist. Daraus aber zu schließen, es sei die normative Aufgabe der Unternehmen, Arbeitsplätze zu sichern und zu schaffen, verfehlt gründlich den normativen Sinn von Marktwirtschaft. Aus dem richtigen Satz, es sei nicht Aufgabe des Staates, sondern der Unternehmen, Arbeitsplätze zu schaffen, folgt keineswegs, dass dies ihre normativ vorrangige Aufgabe und intentionale Zielsetzung ist. Es geht nämlich, wie schon des Öfteren betont, um das Wohl der Konsumenten, das heißt der Allgemeinheit, und nicht um das Wohl der Produzenten. Die Insinuation vieler, hohe Gewinne sollten für die Sicherung, das heißt in diesem Zusammenhang: Subventionierung, von Arbeitsplätzen eingesetzt werden, stellt den normativen Sinn der Marktwirtschaft auf den Kopf. Würde man dieser Insinuation stattgeben, wird die Allgemeinheit im Inland geschädigt, außerdem die Menschen in ärmeren Ländern und die Arbeitslosen im Inland, denen es verwehrt wird, dieselben Güter und Dienste billiger anzubieten.

Es geht hier nicht darum, das soziale Übel Arbeitslosigkeit kleinzureden. Es wird auch keine „neoliberale“ Arbeitsmarktpolitik empfohlen, auch wenn hier Diskussionsbedarf besteht. Aber zur moralischen Rechtfertigung unternehmerischen Handelns die Sicherung der Arbeitsplätze zu bemühen, untergräbt die normative Logik der

Marktwirtschaft. Das Gefährliche ist: Wenn ein Effekt – meinetwegen ein Unterziel – so dominant in den Vordergrund tritt, wie das bei der Sicherung der Arbeitsplätze in der öffentlichen Diskussion der Fall ist, gerät der ethische Hauptzweck aus dem Blick. Letztlich führt eine solche gedankliche Unordnung zu einer verfehlten Politik. Bezahlen werden, wie immer, alle jene, die ohnehin schlechter gestellt sind: die Armen (in den armen Ländern), die Arbeitslosen und andere Problemgruppen.

3 Defizite realer Marktwirtschaften

Die ethische Akzeptanz und Glaubwürdigkeit der Marktwirtschaft und der Tätigkeit von Unternehmen werden nicht nur durch theoretische Argumente infrage gestellt, sondern auch durch offenkundige *Defizite in der Praxis*. Solch reale Defizite zeigen vielfach eine nachhaltigere Wirkung als kritische Argumente. Zumindest werden die letzteren, selbst wenn sie nicht zutreffend sind, durch die ersteren bedeutend gestärkt. Daher ist es unumgänglich, die Defizite offen zu benennen und Möglichkeiten zur Überwindung dieser Defizite aufzuzeigen.

Kritiker der Marktwirtschaft und der Unternehmenstätigkeit ziehen aus den Defiziten in der Praxis in aller Regel den Schluss, man müsse der Marktwirtschaft und den Unternehmen Fesseln anlegen, sie bändigen, domestizieren. Im Gegensatz dazu wird hier der Schluss gezogen, diese Defizite zu beseitigen, den Markt funktionsfähig zu machen und Markt und Wettbewerb sogar auf Bereiche auszudehnen, die – aus unterschiedlichen Gründen – bisher vor dem Marktprozess geschützt sind: Krankenversicherung, Rentenversicherung, Unternehmen der „Daseinsvorsorge", tertiäre Bildung. Zudem wird vorgeschlagen, die globalen Märkte mit einer Rahmenordnung zu versehen, die dafür sorgt, dass Gewinn- und Vorteilsstreben der Akteure allen Menschen zum Vorteil gereichen.

In der Überschrift dieses Kapitels ist von Defiziten realer Marktwirtschaften die Rede. Dieser Begriff umfasst sowohl Verstöße gegen marktwirtschaftliche Prinzipien als auch ungelöste ethische Probleme, die im Prozess der Globalisierung neu aufgetreten sind und die, bleiben sie längere Zeit ungelöst, die ethische Akzeptanz der Marktwirtschaft und der Unternehmenstätigkeit untergraben.

Es werden in diesem Kapitel die Defizite realer marktwirtschaftlicher Systeme und unternehmerischen Handelns in integrierter Form diskutiert. Beides greift noch stärker ineinander, als das bereits in Kapitel 2 der Fall war. Insbesondere unter den Herausforderungen der Globalisierung muss es zu einer engeren Verflechtung kommen, etwa indem Unternehmen Verantwortung für die Wirtschaftsordnung übernehmen.

Es werden zunächst klare Verstöße gegen marktwirtschaftliche Prinzipien diskutiert. Danach werden neue Aufgaben der Unternehmensführung unter dem Stichwort „Good Governance" erörtert. Schließlich werden Aufgaben des politischen

Systems und der Unternehmen entfaltet, die traditionell eher ordnungspolitischer Natur sind, deren Erfüllung unter den Bedingungen der Globalisierung zunehmend auch von den (großen) Unternehmen erwartet wird.

Administrierte Preise

Ein Herzstück der Marktwirtschaft ist das System der Wettbewerbspreise: Es hat die wichtige Informations- und damit Lenkungsfunktion sowie eine Anreizfunktion. Nun sind in Deutschland 50 Prozent der Preise keine echten Wettbewerbspreise. Damit ist das im Prinzip so leistungsfähige Informations- und Lenkungssystem über weite Strecken lahmgelegt, stattdessen werden Fehlanreize gesetzt. Ineffizienzen sind die unausbleibliche Folge.

Meist werden die administrierten Preise mit sozialpolitischen, also in der Regel moralischen Erfordernissen gerechtfertigt. Die einfache Lösung, Sozialpolitik und Preissystem zu trennen, wird nicht verfolgt. Dies dürfte einen Grund darin haben, dass Politiker aufgrund ihrer Wiederwahlinteressen zu populären Eingriffen in Marktprozesse neigen. Auf diese Weise kommt es immer wieder zu Rückfällen in das vormoderne Paradigma des „gerechten Preises", etwa auch in der Diskussion, was denn ein „gerechter Gewinn" sein kann. In der Marktwirtschaft geht es demgegenüber um Wettbewerbspreise und um marktgerechte Gewinne. Auch vermeintlich überhöhte Preise oder Gewinne haben eine wichtige Funktion, nämlich Investitionen in diesen Bereichen anzureizen, um die Knappheiten zu reduzieren, die diese hohen Preise oder Gewinne ermöglichen.

Die Devise ist klar: Es muss möglichst flächendeckend ein funktionsfähiger Preiswettbewerb eingeführt werden. Alles andere widerspricht den grundlegenden Prinzipien der Marktwirtschaft und macht die Verfechter der Marktwirtschaft unglaubwürdig. Es ist richtig, dass in diese Richtung in Teilbereichen gearbeitet wird (zum Beispiel Telefon-, Strom-, Gasmarkt). Aber in anderen Bereichen stoßen solche Bestrebungen auf zum Teil massive Widerstände (zum Beispiel bei Krankenhäusern, Wasserwerken, Universitäten, Schulen).

Subventionen und Protektionismus

Die Glaubwürdigkeit der Protagonisten der Marktwirtschaft wird in besonderer Weise durch Dauersubventionierung bestimmter Wirtschaftszweige und durch Protektionismus unterminiert. Die Leidtragenden sind – neben den Konsumenten in den Industrienationen – besonders die Entwicklungsländer, denen es verwehrt wird, ihre Vorteile der billigen Arbeitskraft und niedrigen Sozialstandards auf den Märkten zu nutzen, weil die Industrieländer ihre Märkte unter immer neuen Vorwänden abschotten. Die Industrieländer verstoßen damit gegen das grundlegende Prinzip des freien Marktzutritts. Die Folgen sind Persistenz von Armut und Unterentwicklung in den Entwicklungsländern, die dann durch Entwicklungshilfe kompensiert werden sollen, und die Schlechterstellung der Konsumenten in den Industrienationen.

Die Irrationalität dieses Systems ist bekannt. Dass eine nachhaltige Besserung nicht in Sicht ist, jedenfalls nicht auf kurze und mittlere Sicht, untergräbt den Anspruch der Verfechter der Marktwirtschaft auf eine sittliche Qualität dieser Ordnung.

Unzureichende Transparenz und Kontrolle

Auch innerhalb der Unternehmen sind gravierende Missstände zu beklagen, wie symptomatisch etwa die Fälle ENRON und WORLDCOM gezeigt haben. Selbst wenn man von eindeutig kriminellen Handlungen einzelner Topmanager absieht, bleibt auf diesem Feld viel zu tun, um die Glaubwürdigkeit der Ethik in der Marktwirtschaft wiederherzustellen und zu stärken.

Die Diskussion läuft unter dem Stichwort „Good Governance" und wird auf breiter Front in den Industrienationen geführt. Rechtliche Regeln zu Rechnungslegung, Kontrollsystemen und Publikationspflichten werden im Sinne größerer Transparenz für Anleger und Öffentlichkeit geändert. Aber auch kollektive, halböffentliche Codes of Conduct werden etabliert und dergleichen mehr. Besonders bemerkenswert ist dabei, dass nicht mehr nur an die Moral der Manager appelliert wird, sondern dass die Unternehmen Moral durch organisatorische Vorkehrungen in den gesamten Governance-Prozess einzubauen versuchen. Instrumente sind Ethikmanagementsysteme, aber auch Vorkehrungen zur Bekämpfung von Korruption und Selbstverpflichtungen auf Moralstandards, die auch bei den ausländischen Tochterfirmen gelten und deren Beachtung bei den Geschäftspartnern explizit gewünscht wird. Moral im weiteren Sinne wird nicht primär als Einschränkung der Unternehmenspolitik betrachtet, sondern als eine Ressource, die ein Unternehmen im Wettbewerb als attraktiven Interaktionspartner erscheinen lässt.

Auch beim Abbau der Verflechtungen der Unternehmen im Fall der Besetzung der Aufsichtsratsposten, der unter dem Gesichtspunkt der Unabhängigkeit der Kontrolle wünschenswert ist, kommen wir in den letzten Jahren voran. Gleiches gilt für die Beziehungen zu Wirtschaftsprüfungsgesellschaften. Die Skandale der Vergangenheit haben viel Vertrauen zerstört. Das Problem ist erkannt, das Umsteuern ist naturgemäß ein länger dauernder Prozess. Der eingeschlagene Weg ist richtig, aber es bleibt noch viel zu tun.

Die „Habgier" der Manager

Für moralische Empörung in der Öffentlichkeit, aber auch bei vielen Topmanagern und bei manchen Professoren der Wirtschaftswissenschaften sorgt die starke Steigerung von Managergehältern in den letzten zehn Jahren einschließlich stattlicher Abfindungen bei vorzeitiger Vertragsauflösung. Die Habgier (greed) der Manager ist ein Kristallisationspunkt der Kritik an der Marktwirtschaft und an der Unternehmenspolitik in der Marktwirtschaft geworden.

In dieser Situation wird gemeinhin die Rückkehr zu den Tugenden des „ehrbaren Kaufmanns" und mehr Bescheidenheit von den Managern gefordert. Solche moralisierenden Intuitionen mögen in die richtige Richtung weisen. Aber wir sollten uns daran erinnern, dass der einzige systemkonforme Weg zur Senkung der Preise in der Marktwirtschaft über die Verschärfung des Wettbewerbs geht. Wenn man diesen Gedanken auf das Problem der Managergehälter anwendet, kommt man zu einer ganz anderen Ursachenanalyse und zu anderen Therapievorschlägen.

Horst Albach hat in einer bemerkenswerten Rede[6] gezeigt, wie eine ganze Reihe von Änderungen in den gesetzlichen Bestimmungen zur Kontrolle der Unternehmen systematisch die Anreize der Manager erhöht haben, sich zu bedienen. Dies sei, so Albach, eine Folge der Stock-Options-Entlohnung von Managern und der Übernahme US-amerikanischer Rechnungslegungsvorschriften und von anderem mehr: Auf die Einzelheiten kann hier nicht weiter eingegangen werden. Moralische Appelle sind bei solchen Anreizstrukturen wirkungslos. Ohne eine Änderung der entsprechenden Vorschriften drohen auch integre Manager in den Sog hineingezogen zu werden, den das System erzeugt, weil sie sich ansonsten von den weniger integren Kollegen ausgebeutet fühlen.

Vor allem aber ist für einen stärkeren Wettbewerb zu sorgen. Bislang funktioniert der „Markt für Manager", der heute nur ein internationaler Markt sein kann, mehr schlecht als recht, auch wenn sich hier die Dinge allmählich zu bessern scheinen.

[6] Albach, Horst, 2003, Zurück zum ehrbaren Kaufmann: Zur Ökonomie der Habgier, WZB-Mitteilungen, Heft 100, Juni.

Kurzum: Nur eine öffentliche Diskussion über die wahren Ursachen für die Steigerung der Managergehälter in einigen Unternehmen und über systemkonforme Korrekturmechanismen wird den entstandenen Vertrauensverlust kompensieren können.

Mangelnde moralische Sensibilität

Obwohl die Diskussion um die Bedeutung der Unternehmenskultur nun schon zwei bis drei Jahrzehnte anhält, lassen sich immer noch gravierende Defizite hinsichtlich der moralischen Sensibilität der Unternehmen und ihrer Manager feststellen. Ja, es scheint sogar, als ob die – bescheidenen – Erfolge von der Beschleunigung und Verschärfung des globalen Wettbewerbs immer wieder aufgezehrt und überkompensiert werden, indem etwa überkommene Kulturen besonders in Traditionsunternehmen diesem Druck nicht mehr standhalten und erodieren.

Was ist zu tun? Es gibt keine Patentlösungen. Schon gar nicht kann es Aufgabe dieser Schrift sein, konkrete Vorschläge zu unterbreiten. Gleichwohl lässt sich einiges zu dieser Frage sagen.

Das grundlegende Erfordernis besteht darin, dass sich Unternehmen und ihre Führungskräfte darüber klar werden, dass es neben technologischen, ökologischen, politischen und ökonomischen auch *moralische Risiken* gibt. Diese sind in der Lage, den Erfolg und sogar die Existenz von Unternehmen zu bedrohen, wie die Skandalfälle der letzten Jahre zeigen. Es gilt daher, diese moralischen Risiken bewusst und organisatorisch in den Fokus zu nehmen. Es ist Aufgabe des Managements, Zuständigkeiten für moralische Risiken zu definieren und Frühwarnsysteme einzurichten. Es ist wie in der Medizin: Was die Ärzte als mögliche Krankheit nicht auf dem Bildschirm haben, sehen sie nicht und verlieren damit die Möglichkeit der Therapie. Unternehmen haben in der stürmischen Entwicklung der Märkte in den vergangenen Jahrzehnten die moralischen Risiken gar nicht gesehen oder unter dem Druck des Tagesgeschäfts und der Analysten aus den Augen verloren.

Die tiefere Ursache dafür liegt darin, dass Moral im weiteren Sinne – traditionell und bestärkt durch eine moralisierende Unternehmensethik – als Beschränkung des Gewinnstrebens betrachtet wurde und wird. Diese Sicht hat zur Folge, dass moralischen Forderungen bestenfalls im engen Rahmen starker gesetzlicher Vorschriften nachgekommen wird (compliance) und weitergehende Ansinnen wie ein Wertemanagement als nicht zu den Aufgaben des Unternehmens gehörig eingestuft werden. Es wird allmählich immer deutlicher, dass dies eine schwerwiegende Fehleinschätzung ist – aus verschiedenen Gründen.

Moralische Verfehlungen schädigen die Reputation eines Unternehmens und seinen Markennamen (brand), untergraben das Vertrauen bei Aktionären, Banken, Mitarbeitern, Kunden und Governments, führen zu Auftragseinbußen, vielleicht sogar zum Ausschluss aus Bietverfahren. Es gibt heute bereits Großprojekte, bei denen Unternehmen ohne Wertemanagement von vornherein ausgeschlossen werden. Harte betriebswirtschaftliche Erfordernisse verlangen heute die professionelle Entwicklung und organisatorische Einrichtung moralischer Sensibilität, weil nur so den moralischen Risiken zu begegnen ist.

Systematisch heißt das: Moral ist nicht nur und nicht in erster Linie als Restriktion unternehmerischen Erfolgsstrebens zu betrachten, sondern als eine *Ressource*, die im Wettbewerb eine Profilierung gegenüber Wettbewerbern erlaubt – oder die entwickelt werden muss, wenn ein Unternehmen entsprechende Wettbewerbsvorteile von Konkurrenten wettmachen will. Aufgabe des Managements ist es, diese Ressource für den Unternehmenserfolg voll zu entwickeln. Unternehmen, die hier nicht aufzuholen versuchen, werden zunehmend ins Hintertreffen geraten und darüber hinaus die sittliche Qualität der Marktwirtschaft beschädigen.

Das Fehlen einer Weltrahmenordnung

Markt und Wettbewerb erbringen ihre Leistungen für die Menschen nur unter einer guten Rahmenordnung. Für die entstehende Weltgesellschaft gibt es eine Weltrahmenordnung aber bestenfalls in Bruchstücken. Daher finden sich in der globalisierten Wirtschaft mehrere Verhaltensweisen, die dem Modell des Hobbes'schen „Krieges aller gegen alle" eher entsprechen als einer Marktwirtschaft, der aufgrund ihrer Ordnung eine sittliche Qualität zugesprochen werden kann.

Diese Verhaltensweisen bilden meist den realen Hintergrund für die Argumente der Globalisierungskritiker von Greenpeace bis Attac und werden als „Neoliberalismus, Turbo- oder Raubtierkapitalismus" gebrandmarkt, wogegen moralischer Widerstand geboten sei.

Die Beschreibung solcher Verhaltensweisen und der Folgen für die betroffenen Menschen wird man vielleicht im Einzelfall, aber wohl kaum generell zurückweisen können. Die Theorie der Marktwirtschaft bestätigt sogar, dass Wettbewerb ohne ausreichende Rahmenordnung, Wettbewerb also ohne Recht und Moral, zu einem Zustand führen muss, in dem „the life of man solitary, poore, nasty, brutish, and short“[7] ist.

Strittig aber ist die Therapie dieses ökonomisch und moralisch beklagenswerten Zustands. Die Globalisierungsskeptiker und -kritiker verlangen eine Bändigung des „Neoliberalismus“, indem sie weite Bereiche vor dem Weltmarkt und dem Wettbewerb schützen wollen. Bis in die großen Volksparteien in Deutschland reicht diese Vorstellung, womit die alten moralischen Vorbehalte gegen Markt und Wettbewerb fröhliche Urständ feiern.

Verfechter der Marktwirtschaft sollten hier anerkennen, dass jede Rahmenordnung Handlungsoptionen der Betroffenen einschränkt, indem sie zum Beispiel Raub, Erpressung, Vertragsbruch, Diebstahl, Betrug, Umweltverschmutzung verbietet. Insofern ist die Intuition, der ohne ausreichende Rahmenordnung agierende Kapitalismus sei zu bändigen, nicht ganz falsch. Aber dies ist nur die eine Seite der Medaille. Man muss auch die andere Seite betrachten, und dann muss man den von den Kritikern geforderten Schutz vor Markt und Wettbewerb ethisch entschieden zurückweisen.

Denn das Verbot bestimmter Handlungsoptionen dient dazu, neue, höher geschätzte Interaktionsoptionen zu eröffnen. Wer sich alle Optionen offenhält, zum Beispiel auch die Option, seine Rechnungen nicht zu bezahlen, wird bald keine Interaktionspartner mehr finden. Er kann nicht einmal sein Auto reparieren lassen. Durch Stilllegung bestimmter Handlungsoptionen in einer Rahmenordnung kommen Interaktionen, die via Arbeitsteilung die besonderen Fähigkeiten anderer zu nutzen erlauben, erst zustande. Nur durch – meist rechtlich gesicherten – Verzicht auf bestimmte Handlungsoptionen entsteht jene Verlässlichkeit wechselseitiger Verhaltenserwartungen, ohne die eine Gesellschaft keinen Wohlstand im umfassenden Sinn von Adam Smith erlangen kann.

Wer beide Seiten der Medaille sieht, kommt daher gegen die Globalisierungskritiker zu dem Schluss, dass es ethisch absolut vorrangig darum zu gehen hat, eine tragfähige, Markt und Wettbewerb produktiv machende Rahmenordnung für die Weltgesellschaft zu entwickeln. An einer solchen Ordnung hängt nicht nur die

[7] Hobbes, Thomas, 1982, Leviathan [1651], ed. by C. B. Macpherson, Harmondsworth u. a. O., 13. Kapitel, S. 186.

Effizienz, sondern auch die sittliche Qualität der Marktwirtschaft. Der Grundgedanke lautet: Handlungsbegrenzungen dienen der Erweiterung und Entfesselung der Märkte – zum Vorteil der unmittelbaren Marktteilnehmer und der Allgemeinheit.

Die Entwicklung einer Rahmenordnung für die entstehende Weltgesellschaft wäre traditionell die Aufgabe des politischen Systems. So gibt es Stimmen, die einen – föderal strukturierten – Weltstaat postulieren. Wenn man einmal von der Frage absieht, ob ein Weltstaat wünschenswert wäre, wird kaum jemand Zweifel haben, dass ein solcher Weltstaat auf Jahrzehnte hin unrealistisch sein wird. Die Frage ist: Was sollen wir in dieser Situation tun?

Kofi Annan, der frühere Generalsekretär der Staatengemeinschaft UNO, hat die Unternehmen aufgerufen, bei der Durchsetzung von Menschenrechten, von humanen Arbeitsbedingungen, von Umweltschutz und bei der Korruptionsbekämpfung mitzuwirken – also bei typisch ordnungspolitischen Aufgaben. Seine 1999 in Davos verkündete Initiative „Global Compact" realisiert, dass das politische System allein diese Aufgaben nicht mehr erfüllen kann. Insofern haben wir von einer neuen Lage auszugehen, einer Lage, in der – neben anderen Spielern wie den NGOs – vor allem die Unternehmen gefordert sind. Ihre ethische Glaubwürdigkeit wird künftig mehr denn je daran gemessen werden, wie sie diese neue Aufgabe erfüllen.

Die Ordnungsverantwortung der Unternehmen

Im Zuge der fortschreitenden Globalisierung verlieren die Nationalstaaten an Steuerungskapazität. Zugleich treten andere Spieler in dieses Vakuum ein, insbesondere die NGOs und die multinationalen Unternehmen. Damit werden die ethische Einschätzung und die Akzeptanz einer globalen Marktwirtschaft wesentlich auch von dem Beitrag der Unternehmen zur Entwicklung einer Weltrahmenordnung bestimmt. Sie werden mitverantwortlich gemacht, ob sie damit einverstanden sind oder nicht.

Im Vergleich zu den beiden anderen Spielern, den Governments und den NGOs, verfügen Unternehmen über zwei Assets, über welche die anderen Spieler nicht verfügen: Kapital und Know-how für die effiziente Organisation von komplexen Interaktionsprozessen. Ohne diese beiden Faktoren werden die Entwicklungsländer kaum in die Weltgesellschaft integriert werden können. Da Unternehmen unter Wettbewerbsbedingungen nun aber keine „Opfer", also Leistungen ohne

Gegenleistungen erbringen können, ist nach den Anreizen zu fragen, die Unternehmen haben könnten, sich aktiv in die Entwicklung einer Weltrahmenordnung einzubringen. Zudem sind die Gründe zu identifizieren, die sie bislang gegenüber dieser neuen Aufgabe so zurückhaltend sein lassen.

Unternehmen können keine Opfer bringen. Aber sie können investieren – in Sach- und Humankapital, in Unternehmenskultur und in eine soziale Ordnung, welche die Voraussetzung für die nachhaltige Erzielung von marktgerechten Renditen darstellt. Unternehmen haben insofern durchaus einen Anreiz, in diese Ordnung zu investieren, als sie Gewinne ermöglicht. Es ist wichtig, jetzt zu investieren, da heute die Weltmärkte erschlossen werden und später viel höhere Ressourcen aufzuwenden sind, um auf bereits besetzten Märkten Fuß zu fassen. Eine solche langfristige Unternehmenspolitik kann auch von den Shareholdern akzeptiert werden, schon allein deswegen, weil sie sich bereits heute in guten Börsenkursen niederschlägt. Grundsätzlich kann es also für Unternehmen Anreize geben, sich an der Entwicklung einer Weltrahmenordnung aktiv zu beteiligen. Manche Unternehmen tun das bereits.

Aber es gibt auch durchaus Gründe, welche die Unternehmen bislang daran gehindert haben, offensiv und öffentlich diese neue Aufgabe anzupacken und auf diese Weise ihrer Verantwortung für die Weltordnung, ihrer Ordnungsverantwortung gerecht zu werden. Die Gründe sind sicher vielfältig: So ist ordnungspolitisches Engagement für Unternehmen ungewohnt, den Managern fehlt die entsprechende akademische Ausbildung, mit diesen Problemen umzugehen, und anderes mehr. Diese Gründe einmal beiseite gelassen, soll hier auf zwei weitere Gründe aufmerksam gemacht werden, die zentral die sittliche Qualität der Wahrnehmung einer solchen Ordnungsverantwortung betreffen.

- Wenn in der aus der Vormoderne überkommenen Ethik das Gewinnstreben moralisch diskreditiert wird, dann werden die Akteure, die durch Gewinnstreben konstituiert sind, die Unternehmen nämlich, allein von dieser kategorialen Sicht her zu Gegnern, zu Feinden von Moral und Sittlichkeit abgestempelt, die man bändigen und denen man das Handwerk legen muss. Dagegen setzen sich die Unternehmen verständlicherweise zur Wehr, kommen aber aus dieser Rolle als Gegner von Moral und Solidarität solange nicht heraus, wie es ihnen nicht gelingt, das Gewinnstreben – unter einer geeigneten Rahmenordnung natürlich – als sittlich und als sittliche Verpflichtung zu begründen.

Ohne eine belastbare ethische Theorie, die auf die Bedingungen der modernen Welt zugeschnitten ist, kommen die Unternehmen aus der Defensive nicht heraus. Mehr noch: Wenn sie dennoch ihre Ordnungsverantwortung wahrnehmen, dann tun sie dies oft im Verborgenen, in kleinen Zirkeln, und bestätigen den Verdacht der Kritiker, es handele sich hier um moralisch verwerflichen Lobbyismus.

- Damit hängt der Vorwurf zusammen, den Unternehmen fehle es für die Gestaltung der Ordnung an „demokratischer Legitimation“. Besonders pikant ist es, wenn dieser Vorwurf von NGOs erhoben wird, die ebenfalls nicht durch demokratische Wahlen legitimiert sind. Auch dieser Vorwurf drängt die Unternehmen wieder in die Defensive, solange nicht ein offensives Konzept von Demokratie überzeugend der Öffentlichkeit vermittelt werden kann.

Die Entwicklung der Ordnung für die entstehende Weltgesellschaft ist eine so gewaltige Aufgabe, dass alle Kräfte gebraucht werden, die dazu etwas beizutragen haben – also auch die NGOs und die Unternehmen. Einzige Bedingung ist, dass diese Beteiligung in der Öffentlichkeit, also nachvollziehbar, nachprüfbar und transparent erfolgt. Wenn Unternehmen sich in dieser Weise ihrer Ordnungsverantwortung stellen, kann auch der Vorwurf des Lobbyismus nicht mehr erhoben werden, denn zum Lobbyismus gehört als Definitionsmerkmal die Intransparenz der Einflussnahme. Durch Transparenz der Beteiligung an Ordnungsdiskussionen engagieren sich Unternehmen für öffentliche Angelegenheiten und tragen so als „Good Corporate Citizens“ zur Versittlichung der Marktwirtschaft auf der Ebene der Weltgesellschaft bei. Sie tun dies nicht nur aufgrund einer moralischen Verpflichtung, sondern auch aufgrund ihrer langfristigen Eigeninteressen. Oder anders und schärfer gesagt: Unternehmen können sich dieser Aufgabe nur stellen, wenn Moral und Gewinnstreben auf lange Sicht konvergieren.

Unternehmen und Armutsbekämpfung

Drei Milliarden Menschen leben in Armut, die Hälfte der Menschheit. Die Frage ist, wie lange diese Menschen noch stillhalten werden. Die Vorboten künftiger Konflikte sind bereits angekommen: Bevölkerungswachstum, Umweltzerstörung, Armutsmigration, bewaffnete Konflikte, Terrorismus, Seuchen und anderes mehr. Nicht ohne Grund zählt die Armutsbekämpfung – die Halbierung der Zahl der absolut Armen bis 2015 – zu den „Millennium Goals“ der Vereinten Nationen.

Ein nachhaltiger, selbsttragender Entwicklungsprozess hängt besonders von drei Faktoren ab: von „Good Governance" in den armen Ländern, von der Öffnung der Märkte der Industrienationen für Produkte der armen Länder und von ausländischen Investitionen in den armen Ländern. Hier sind auch die Unternehmen gefordert: Die moralische Akzeptanz der großen Unternehmen hängt künftig auch von ihrem Beitrag zur Lösung des globalen Armutsproblems ab.

Der Beitrag der Unternehmen besteht vorrangig im Investieren. Armut wird weder durch traditionelle Caritas, durch Teilen nach dem Modell des heiligen Martin überwunden noch durch staatliche Entwicklungshilfe, sondern durch Investitionen der Unternehmen. Investitionen sind keine Opfer, sie sind vielmehr auf Rendite berechnet. Als Folge ergibt sich die These, dass das Los der Armen nachhaltig nur dadurch gebessert werden kann, dass auch die „Reichen", die Unternehmen, reicher werden. Diese These widerspricht weitverbreiteten Intuitionen und wird bei vielen Menschen sogar Empörung hervorrufen. Dennoch ist sie richtig: Ohne die Investitionstätigkeit der Unternehmen wird es nicht gelingen, die Armen in die produktiven Austauschprozesse der Weltgesellschaft zu integrieren. Investieren können Unternehmen nur dort, wo sie marktgerechte Renditen erwarten können.

Obwohl unbegründet, sind die moralischen Widerstände gegen die These durchaus verständlich. Sie gehen auf zwei Hintergrundüberzeugungen zurück. Zum einen ist das aus der vormodernen Ethik stammende Nullsummendenken immer noch weitverbreitet, und unter dieser Voraussetzung wäre die These falsch. Zum anderen hört man bei der These wohl immer auch die Umkehrung mit, dass das Reicherwerden der Reichen quasi automatisch auch die Armen reicher mache, und das ist in der Tat falsch: Das Reicherwerden der Reichen kann nämlich auch auf der Ausbeutung der Armen beruhen. In der These aber ist auf den anderen Fall abgehoben, dass gemäß dem Positivsummenparadigma beide gewinnen. Nur in diesem Fall spielen die Unternehmen mit.

Umso wichtiger ist es, eine ethische Theorie zu entwickeln, welche die Unternehmen nicht schon allein wegen ihres Gewinnstrebens zu Gegnern von Moral und Sittlichkeit macht.

Unternehmerisches Handeln in Ländern mit „niedrigeren" Moralstandards

Die moralische Akzeptanz des unternehmerischen Handelns wird ferner dadurch stark beeinträchtigt, dass die Vorstellungen darüber, wie sich Unternehmen in

Ländern mit – aus westlicher Sicht – „niedrigeren“ Moralstandards verhalten sollen, unklar ist. Die kritischen Felder sind hier: Menschenrechte, (Frauen-)Diskriminierung, Kinderarbeit, Korruption und der Umgang mit Diktaturen. Soll man die Einhaltung bestimmter moralischer Mindeststandards zur Voraussetzung von Wirtschaftsbeziehungen erklären, oder soll man sich kritiklos an die regionalen Standards und Gegebenheiten anpassen? Unternehmen müssen in dieser Frage eine belastbare Position finden, andernfalls verlieren sie an moralischer Glaubwürdigkeit, was zu Geschäftseinbußen führt.

Ein Blick in die eigene Geschichte hilft hier weiter: Der Moralstandard der westlichen Industrienationen, den manche Moralisten gern als universell gültig anerkannt und beobachtet sehen möchten, hat sich in Europa in einem mehr als 500 Jahre dauernden, von schlimmen Rückschlägen begleiteten Prozess durchgesetzt. Der Standard einschließlich der Menschenrechte ist historisch kontingent entstanden und an einen bestimmten ökonomischen Entwicklungsstand als Voraussetzung geknüpft. Den Ländern mit den vermeintlich „niedrigeren“ Moralstandards ist ein analoges Recht auf Lernprozesse einzuräumen: Auch wenn das nicht 500 Jahre sein dürfen, so ist doch von zwei bis drei Generationen auszugehen, bis Moralstandards, die den westlichen Standards ungefähr entsprechen, in diesen Ländern durchgesetzt sein werden.

Der Vergleich und der Wettbewerb mit unseren Standards kann darüber hinaus nicht theoretisch-wissenschaftlich entschieden werden, durch philosophische Belehrung also, sondern nur praktisch: In Form von Lernszenarien, in denen bei gemeinsamen Projekten Menschen mit westlichen und anderen Moralauffassungen zusammenarbeiten, unter ausdrücklicher Suspendierung der grundlegenden moralischen Differenzen. Auf diese Weise werden gemeinsame Erfahrungen gemacht – es wird sich im Laufe der Zeit vielleicht herausstellen, welche normativen Standards die besseren Problemlösungen anzubieten haben.

Das ist kein Plädoyer für einen Relativismus. Grundsätzlich gilt: Was historisch kontingent entstanden ist, ist nicht relativ. Es kann vielmehr durchaus strikte Verbindlichkeit erlangen. Solche Prozesse brauchen Zeit und die entsprechenden konkreten Erfahrungen.

Das Engagement von Unternehmen in Ländern mit „niedrigeren“ Moralstandards kann ethisch unter zwei Bedingungen gerechtfertigt werden: Erstens muss die normative Richtung klar sein und klar bleiben, in die sich das Unternehmen bewegen will, auch wenn es nur langsam geht und wenn nicht jeder Schritt direkt auf das Ziel gerichtet sein kann. Zweitens muss die Unternehmenspolitik laufend normativ erläutert und begründet werden.

So, wie viele Wege nach Rom führen, muss auch das Bemühen um anspruchsvolle Moralstandards in einer Welt der Unsicherheit verschiedene Strategien als ethisch gerechtfertigt zulassen. Um nur ein Beispiel zu nennen: Im Nachhinein betrachtet haben die Unternehmen, die unter dem Apartheid-Regime in Südafrika geblieben sind und durch eine bessere Behandlung der Farbigen ein gutes Beispiel dafür gegeben haben, dass es auch anders geht, mehr für das Land und die Überwindung der Apartheid getan als jene, die unter flammendem moralischen Protest die Beziehungen abgebrochen haben. Aber das ist ex ante nicht auszumachen gewesen, sodass Unternehmen beide Strategien ethisch rechtfertigen konnten. Die Bedingung aber bleibt: Über das jeweilige Verhalten muss explizit Rechenschaft gegeben werden. Ohne ethischen Diskurs kann es keine ethische Rechtfertigung in Situationen von Unsicherheit geben.

Die Diskursverantwortung der Unternehmen

Doch wie sollen Unternehmen gegenüber einer kritischen Öffentlichkeit ihr Tun ethisch rechtfertigen? Haben sie die Kompetenz zu einem ethischen Diskurs? Brauchen sie eine solche Kompetenz? Diese Fragen geben Gelegenheit, am Ende dieser Schrift den Blick reflexiv darauf zu lenken, was der Sinn der vorstehenden Ausführungen ist.

Der Sinn besteht darin, sich über die ethische Qualität der Marktwirtschaft und des unternehmerischen Handelns zu verständigen, um diese Erkenntnis an andere, letztlich an die Gesellschaft weiterzugeben. Menschen, die den ethischen Sinn des hochkomplexen Unternehmens Marktwirtschaft nicht verstehen, finden leicht zahlreiche Ansatzpunkte, sich besten Wissens und Gewissens gegen die Marktwirtschaft und ihre Konnex-Institute wie Privateigentum, Wettbewerb, Gewinnstreben zu wenden. Mit Menschen, welche die grundlegenden Funktionszusammenhänge der modernen Gesellschaft mit Marktwirtschaft und Demokratie nicht verstehen, ist kein Staat zu machen, jedenfalls kein moderner.

Man darf diesen moralischen Kritikern der Marktwirtschaft ihre Moral nicht austreiben wollen: Man würde dann ein unschätzbares Kapital der Gesellschaft zerstören.

Vielmehr gilt es, den Menschen mit belastbaren Argumenten klarzumachen, dass die Marktwirtschaft allgemein und die globale Marktwirtschaft im Besonderen keine Dementierung ihrer moralischen Leitideen darstellen, sondern, richtig eingerichtet und richtig verstanden, die *Einlösung* jener Leitideen von Würde und Solidarität sind, für die sie kämpfen. Es ist ihnen klarzumachen, dass die Marktwirtschaft das beste bisher bekannte Instrument zur Verwirklichung der Solidarität aller Menschen ist. Wenn die Menschen das nicht nachvollziehen können, werden sie weiterhin Widerstand leisten und der Gesellschaft – und sich selbst – den Weg in die Zukunft verbauen.

Ethische Diskurse öffentlich zu führen, ist Aufgabe aller Bürger. Zwei Institutionen jedoch sind in unserem Zusammenhang besonders gefordert: Zum einen muss der Staat, das politische System, ein vitales Interesse daran haben, die Menschen auf dem Weg in die Zukunft auch moralisch mitzunehmen. Dafür kann der Staat sich des gesamten Bildungssystems bedienen. Allerdings werden diese Fragen nach dem Verhältnis von Moral und Ökonomie im gegenwärtigen Bildungssystem kaum systematisch diskutiert. Zum anderen müssen die Unternehmen ein vitales Interesse daran haben, die moralischen Widerstände in der Gesellschaft abzubauen sowie Missverständnisse und Vorurteile zu überwinden. Wenn sie diese Diskussion nicht auf angemessenem Niveau führen, wird der öffentliche Diskurs mit unklaren Intuitionen bestritten. Das wird sich negativ auf die nachhaltigen Gewinnchancen der Unternehmen auswirken.

Damit kommt den Unternehmen zusätzlich zur traditionellen Handlungsverantwortung und zu der oben erörterten neuartigen Ordnungsverantwortung auch eine *Diskursverantwortung* zu. Dieses Feld ist bisher nicht bestellt. Modelle, wie Unternehmen dieser Verantwortung am besten gerecht werden, liegen nicht vor. Hier ist die Fantasie der Führungskräfte gefordert. Moralische Akzeptanz und Glaubwürdigkeit werden Unternehmen ohne ethische Kommunikation immer weniger erlangen können.

Schlussbemerkung

Das Handeln der Menschen wird von zwei Faktoren bestimmt: von ihren *Interessen* und von ihrem *Wissen*, also von ihren Vorteilserwartungen und von ihren Vorstellungen darüber, wie die Welt funktioniert und wie sie funktionieren sollte. Diese beiden Arten von Bestimmungsgründen sind untereinander *interdependent*. Daher geht es darum, nicht nur auf die *ökonomischen Interessen* der Bürger einzugehen, sondern auch auf ihre *normativen Erwartungen*, die ganz eng mit ihrem Selbstverständnis verbunden sind.

Wenn man moralische Blockaden der Marktwirtschaft vermeiden oder überwinden will, kommt man nicht daran vorbei, ethische Diskurse öffentlich zu führen, also die Menschen bei ihren normativen Intuitionen abzuholen und ihnen zu zeigen, dass und wie ihre normativen Prinzipien unter den grundlegend veränderten Bedingungen der modernen Wirtschaft und Gesellschaft realisiert werden können. Diese Diskurse sind umso dringlicher, als selbst die Verteidiger der Marktwirtschaft und der unternehmerischen Tätigkeit Argumente benutzen, die kontraproduktiv sind, also ihrer eigenen Absicht zuwiderlaufen.

Die grundlegende Einsicht besteht darin, dass sich Moral allgemein und auch die abendländisch-christliche Freiheits- und Solidaritätsmoral *nicht gegen die ökonomische Logik realisieren lassen, sondern nur in dieser und durch sie:* „Eine Moral, die die Sachkenntnis der Wirtschaftsgesetze überspringen zu können meint, ist nicht Moral, sondern Moralismus, also das Gegenteil von Moral.“[8]

---

[8] Ratzinger, Josef Kardinal, 1986, Marktwirtschaft und Ethik, in: L. Roos (Hrsg.), Stimmen der Kirche zur Wirtschaft, 2. Auflage, Köln, S. 56.

Der Autor

Prof. Dr. Dr. **Karl Homann**, geboren 1943 in Everswinkel; 1963–1972 Studium der Philosophie, Germanistik und Katholischen Theologie an der Universität Münster, 1972 Promotion zum Dr. phil.; 1971–1979 Studium der Volkswirtschaftslehre an der Universität Münster, 1979 Promotion zum Dr. rer. pol.; 1985 Habilitation für Philosophie an der Universität Göttingen; 1986–1990 Professor für Volkswirtschaftslehre und Philosophie an der privaten Universität Witten/Herdecke; 1990–1999 Professor für Wirtschafts- und Unternehmensethik an der Wirtschaftswissenschaftlichen Fakultät Ingolstadt der Katholischen Universität Eichstätt, erster Inhaber eines Lehrstuhls dieser Art in der Bundesrepublik Deutschland; seit 1999 Professor für Philosophie unter besonderer Berücksichtigung der philosophischen und ethischen Grundlagen der Ökonomie (Wirtschaftsethik) an der Ludwig-Maximilians-Universität München.

ISSN 1863-8090
Herausgeber:
ROMAN HERZOG INSTITUT e. V.
Max-Joseph-Straße 5
80333 München
www.romanherzoginstitut.de

Erschienen im Deutschen Instituts-Verlag, Köln und München
ISBN 978-3-602-45700-7
www.div.eu

Gestaltung und Produktion: edition agrippa, Köln · Berlin
Foto: Corbis